"공부습관 확실히 잡아 주는 공습"

•••• 공부습관을 잡으면 **성적과 학습능력은** 저절로 올라간다!

자기 분야에서 눈에 띄는 성과를 이루어 낸 많은 사람들은 한 목소리로 좋은 습관이 성공의 열쇠였다고 말합니다. 공부도 마찬가지입니다. 자신의 페이스를 꾸준히 유지하며 공부하는 습관을 들인다면 학습능력과 성적은 저절로 따라 올라갑니다.

•••• **올바른 공부습관**이 없다면 학습능력은 사상누각!

본격적인 학교 공부를 시작하는 시기인 초등학교. 바로 이때 공부습관을 제대로 잡아 주는 것이 무엇보다 중요합니다. 이때 형성된 공부습관이 이후 중 · 고등학교에서의 학업 성취도를 좌우하기 때문입니다.

| 사고력 | 창의력 | 독해력 | 어휘력 | 계산력 |

공부습관

•••• '**워밍업 ➡ 해결전략연습 ➡ 의욕충전**'의 3단계 학습법

본격적인 운동을 하기 전에 준비운동으로 몸을 풀면, 안전하고 더욱 효과적인 운동을 할 수 있습니다. 공부를 시작하기 전에도, 먼저 두뇌를 공부할 수 있는 상태로 풀어 주어야 더욱 효율적인 공부를 할 수 있습니다. 공습에서는 준비운동을 통해 두뇌를 공부 모드로 바꿔 준 다음, 해결전략을 연습하는 문제를 풉니다. 그리고 공부 의욕을 높이는 짤막한 글로 마무리하여 학교 · 학원 공부를 더욱 충실히 수행할 수 있도록 합니다.

▶ **전략 훈련 문제** ◀
해결전략에 따라 순서대로
문제를 푸는 습관 키우기

워밍업
해결전략연습
의욕충전

▶ **다양한 퍼즐** ◀
공부를 시작하기 위한 준비운동

▶ **마무리 글** ◀
긍정적인 공부 태도 충전

" 공습으로 잡는 3대 공부습관 "

.... 첫째, 스스로 공부하는 습관

잔소리를 해서 공부를 시키는 부모와 잔소리 때문에 억지로 공부하는 아이, 모두 스트레스를 받습니다. 그러나 억지로 하는 공부는 오히려 아이에게 공부에 대한 반감만 일으킬 뿐입니다. 일단 아이의 공부 부담부터 줄여 주세요. 남들 한다고 따라서 이것저것 아이에게 시키지 마세요. 이 시기에는 하루하루 꾸준히 스스로 공부하는 습관을 잡아 주는 것만으로도 충분합니다.

공습은 하루 10분, 부담 없이 재미있게 공부할 수 있습니다. 아이와 하루 10분 공습 공부를 약속하고 지켜 보세요. 시키지 않아도 스스로 공부하는 아이를 만날 수 있을 것입니다.

.... 둘째, 차례차례 문제를 해결하는 습관

긴 글만 보면 괜히 주눅이 들어서 자기가 가지고 있는 실력을 100퍼센트 발휘하지 못하는 아이들이 많습니다. 이것은 무엇보다 문제의 핵심이 무엇인지 파악하는 훈련이 되어 있지 않기 때문입니다. 학년이 올라갈수록 문제를 분석하여 해결 방법을 찾는 능력이 많이 요구됩니다. 초등학교 때부터 차례차례 문제를 해결하는 방법을 훈련하여, 이를 습관으로 만들어야 합니다.

공습은 절차적 문제해결전략을 반복해서 훈련함으로써, 핵심을 잡아내는 공부습관을 만듭니다.

.... 셋째, 꾸준히 공부하는 습관

하루 세 끼 규칙적으로, 알맞은 양을 먹는 것이 건강을 지키는 방법입니다. 공부도 마찬가지입니다. 매일매일 아이가 할 수 있는 양만큼만 꾸준히 공부한다면, 아이는 공부와 시험에 대한 부담을 덜어 내고, 자신의 실력을 차곡차곡 쌓을 수 있습니다. 꾸준히 공부하기 위해서, 우선 아이 스스로가 공부는 할 만한 것이라는 자신감과 재미를 가져야 합니다.

공습은 문제해결전략만 이해하면 누구나 풀 수 있습니다. 따라서 아이는 문제를 풀면서 자신감을 갖게 되고, 이러한 자신감은 공부에 대한 재미로 이어져 꾸준히 공부할 수 있는 습관을 만듭니다.

" 공습 훈련 프로그램 – 공습국어 초등독해 "

•••• 글을 빠르고 정확하게 읽는 습관을 잡는다.

책을 많이 읽는 아이가 반드시 국어 성적이 좋은 것은 아닙니다. 한쪽으로 치우친 소재와 갈래의 글만 읽거나, 책을 덮고 나면 읽은 내용이 무엇인지 모르는 아이에게 또 어떤 잔소리를 하시겠습니까? 책 읽은 양만큼 국어 능력을 올리려면, 책을 읽고 난 다음에 글 전체의 짜임, 글의 내용, 글의 주제 등을 읽어 내려는 노력이 있어야 합니다. 공습국어 초등독해는 다양한 소재와 형식의 글을 제시하여 아이의 편독을 줄이고, 또 글을 빠르고 정확하게 읽는 방법을 반복적으로 훈련합니다. 그래서 아이가 언제, 어디서, 어떤 글을 읽더라도 글의 핵심을 제대로 집어낼 수 있도록 만듭니다. 공습국어 초등독해는 아이에게 책을 사 주는 것 말고는 달리 방법을 모르는 부모 대신 제대로 글 읽는 법을 가르칩니다.

•••• 감 못 잡고 권수만 채우던 읽기에서 핵심을 쏙쏙 뽑아내는 체계적인 읽기로

어릴 때부터 꾸준하고 올바르게 다듬어진 독해 능력은 모든 학습의 밑바탕이 됩니다. 글의 종류와 짜임, 그리고 상황에 맞게 핵심을 찾아 읽어 내는 것을 '정독'이라고 합니다. 그러나 책을 많이 읽는다고 해서 누구나 정독을 하고 있는 것은 아닙니다. 많은 양의 독서가 저절로 정독 습관을 가져다주는 것도 아닙니다. 다양한 글을 본격적으로 읽기 시작하는 초등학교 단계에서부터 글을 제대로 읽을 수 있는 틀을 다져 주어야 합니다. 공습국어 초등독해는 다양한 글을 읽고 글의 핵심을 체계적으로 파악하는 전략을 훈련시키며, 나아가 이를 습관화시키는 과학적 프로그램입니다.

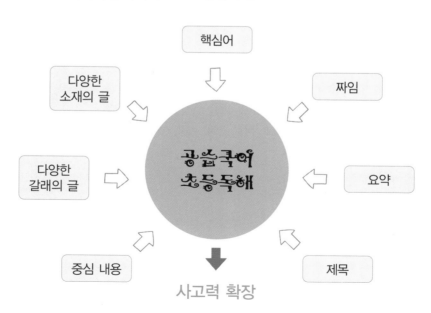

"『공습국어 초등독해』 활용 방법 보기"

하나 처음 일주일 정도는 아이와 함께 하세요.

공습국어 초등독해의 독해 전략을 아이가 이해할 수 있도록 일주일 정도는 아이와 함께 문제를 풀어 보세요. 각각의 전략 단계를 어떻게 풀면 되는지 설명해 주고, 채점을 통해 다시 한번 짚어 줍니다.

둘 매일 1회분씩 꾸준히 하도록 유도하되 강요하지 마세요.

아이에게 공부하라고 말하기 전에, 먼저 공부할 수 있는 환경과 조건을 만들어 주세요. 그리고 아이가 스스로 공부할 때까지 지켜봐 주세요. 또한 하루에 1회분 이상 진도를 나가지 않도록 지도해 주세요. 하루에 2회분 이상의 문제를 푸는 것은 꾸준한 공부 습관 형성에 방해가 될 수 있습니다.

셋 아이의 수준에 맞게 단계별로 선택하세요.

독해 능력은 시간에 여유를 두고 차근차근 키워 가는 것입니다. 선행 학습을 시킬 마음에 무리해서 높은 단계를 풀게 하면, 아이가 글을 읽는 재미를 잃어버릴 수 있습니다. 또한 도전 시간을 통과하고 점수를 잘 받도록 하기 위해, 아이의 실력에 비해 너무 낮은 단계를 풀게 하면 독해 능력이 향상되지 않습니다.

공습국어 초등독해는 단기적으로 국어 '성적'을 높이기 위한 교재가 아닙니다. 공습국어 초등독해의 목적은 국어 '능력'을 높이는 것으로, 이것은 장기간의 훈련과 노력을 필요로 합니다. 아이의 독해 실력에 맞는 단계를 선택할 때 최고의 효과를 얻을 수 있습니다.

단계	구성	글의 소재	글의 갈래
1 · 2학년	30회		
3 · 4학년	30회	사회, 역사, 시사, 인물, 언어, 문화, 과학, 예술, 종교, 정치, 경제, 건강, 상식 등	설명하는 글, 주장하는 글, 인터뷰 형식의 글, 기사글, 대화글 등
5 · 6학년	30회		

넷 걸린 시간과 정답 개수를 꼭 적도록 하세요.

공습국어 초등독해는 문제마다 걸린 시간과 정답 개수를 적도록 하고 있습니다. 아이들이 문제를 푼 다음, 걸린 시간을 적을 수 있도록 미리 시계를 준비해 주세요. 제시문의 길이와 난이도, 문제의 개수에 따라 도전 시간에 차이를 두었습니다.

욕심이 앞서서 글 읽기와 문제 풀이의 속도만 높이려 한다면 올바른 독해 습관을 익히는 데 해가 됩니다. 얼마나 빨리, 많이 푸느냐가 중요한 것이 아닙니다. 정독 능력과 사고력을 동시에 키우려면 문제 하나하나를 이해하고 파악해야 합니다. 도전 시간을 주고 걸린 시간과 정답 개수를 적게 하는 것은 집중력을 높이고 실력 향상의 재미를 느끼게 하기 위한 장치임을 꼭 기억하세요.

다섯 우리 아이, 이럴 땐 이렇게 하세요.

• 도전 시간 안에, 틀린 답 없이 문제를 풉니다.

뛰어난 독해 능력을 지녔습니다. 꾸준하게 훈련하면 글의 핵심을 파악하는 능력과 동시에 언어사고력 또한 발달할 것입니다.

• (도전 시간을 기준으로) 걸린 시간은 매우 짧은데, 정답률이 낮습니다.

문제풀이전략을 이해하지 못한 상태에서 건성으로 문제를 푼 것입니다. 문제의 틀을 이해시키고, 한 문제 한 문제 같이 풀어 보는 과정이 필요합니다.

• (도전 시간을 기준으로) 걸린 시간은 길지만, 정답률은 높습니다.

전략에 따른 문제 해결이 아직 익숙하지 않거나, 집중력이 오래 가지 못하는 것입니다. 그럼에도 문제를 꼼꼼하게 풀어낸 아이의 끈기를 칭찬해 주시고, 하루하루 지켜봐 주세요. 그리고 주변 환경을 정리하고 부모가 직접 시간을 재서 아이의 집중력이 흐트러지지 않게끔 도와줍니다.

• (도전 시간을 기준으로) 걸린 시간은 긴데, 정답률이 낮습니다.

문제풀이전략을 이해하지 못한 상태이며, 집중력 또한 떨어지는 것입니다. 옆에서 좀 더 지켜보며 문제 풀이를 설명해 주세요. 그리고 같이 소리 내어 제시문을 읽어 보거나 색깔 연필로 표시하며 문제를 푸는 등의 활동을 통해 문제 풀이에 대한 집중력과 재미를 길러 줍니다.

『공습국어 초등독해』 구성 한눈에 보기

공습국어 초등독해는 공부를 시작하기 위한 준비운동인 「머리 풀어주는 퍼즐」과 본격적인 문제해결전략을 연습하는 「빠르고 정확하게 읽기」(❶핵심어 찾기, ❷글의 짜임 그리기, ❸요약하기, ❹제목 달기), 그리고 공부 의욕을 높여 주는 「생각 다지는 글」로 구성되어 있습니다.

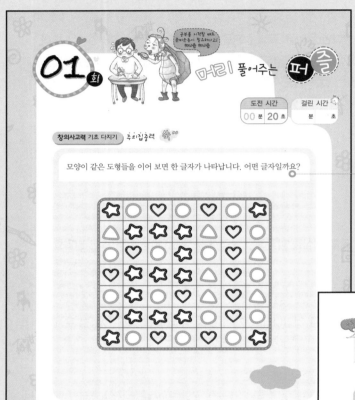

준비운동 – 머리 풀어 주는 퍼즐
다양한 퍼즐을 통해 두뇌를 공부 모드로 전환하고 아울러 창의사고력을 키웁니다.

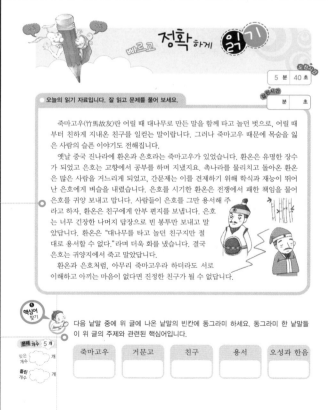

제시문
다양한 소재를 다양한 갈래의 글로 표현하였습니다.

❶ 핵심어 찾기
핵심어를 찾으며 자연스럽게 글을 다시 한 번 읽고, 중요 내용을 눈에 담아 두도록 하는 문제입니다.

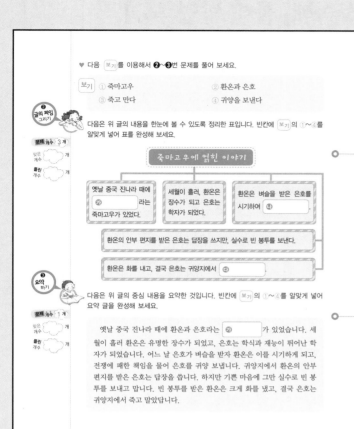

♥ 다음 보기 를 이용해서 ②~③번 문제를 풀어 보세요.

보기 ① 죽마고우 ② 환온과 은호
③ 죽고 만다 ④ 귀양을 보낸다

② 글의 짜임 그리기

문제 개수 3 개
맞은 개수 개
틀린 개수 개

다음은 위 글의 내용을 한눈에 볼 수 있도록 정리한 표입니다. 빈칸에 보기 의 ①~④를 알맞게 넣어 표를 완성해 보세요.

죽마고우에 얽힌 이야기

| 옛날 중국 진나라 때에 ㉮ 라는 죽마고우가 있었다. | 세월이 흘러, 환온이 장수가 되고 은호는 학자가 되었다. | 환온은 벼슬을 받은 은호를 시기하여 ㉯ . |

환온의 안부 편지를 받은 은호는 답장을 쓰지만, 실수로 빈 봉투를 보낸다.

환온은 화를 내고, 결국 은호는 귀양지에서 ㉰ .

③ 요약하기

문제 개수 1 개
맞은 개수 개
틀린 개수 개

다음은 위 글의 중심 내용을 요약한 것입니다. 빈칸에 보기 의 ①~④를 알맞게 넣어 요약 글을 완성해 보세요.

옛날 중국 진나라 때에 환온과 은호라는 ㉮ 가 있었습니다. 세월이 흘러 환온은 유명한 장수가 되었고, 은호는 학식과 재능이 뛰어난 학자가 되었습니다. 어느 날 은호가 벼슬을 받자 환온은 이를 시기하게 되고, 전쟁에 패한 책임을 물어 은호를 귀양 보냅니다. 귀양지에서 환온의 안부 편지를 받은 은호는 답장을 씁니다. 하지만 기쁜 마음에 그만 실수로 빈 봉투를 보내고 맙니다. 빈 봉투를 받은 환온은 크게 화를 냈고, 결국 은호는 귀양지에서 죽고 말았답니다.

② 글의 짜임 그리기

복잡한 글도 간단한 도식(표나 그림)으로 정리하여, 글의 내용과 짜임을 한눈에 파악할 수 있도록 하는 문제입니다.

③ 요약하기

②의 결과를 문장으로 정리하는 문제입니다. 요약 글을 쓰는 방법을 알게 되고, 조각말들을 자연스럽게 연결하여 문장을 완성하는 훈련을 할 수 있습니다.

④ 제목 달기

글에 가장 알맞은 제목을 찾는 문제입니다. 글과 제목 후보와의 관계에 대해 '왜 답일까?', 또는 '왜 답이 아닐까?'를 고민하며 사고력을 키울 수 있습니다. 또한 어떤 글이나 상황을 보고 그것을 한 번에 나타낼 수 있는 표현, 즉 핵심을 찾는 감을 키울 수 있습니다.

마무리 – 생각 다지는 글

공부에 도움이 되는 이야기, 좋은 생활 습관을 다지는 이야기 등 부모가 아이에게 해 주고 싶은 이야기를 다양하게 싣고 있습니다.

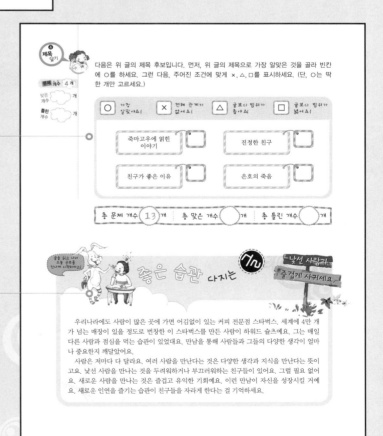

④ 제목 달기

문제 개수 4 개
맞은 개수 개
틀린 개수 개

다음은 위 글의 제목 후보입니다. 먼저, 위 글의 제목으로 가장 알맞은 것을 골라 빈칸에 ○를 하세요. 그런 다음, 주어진 조건에 맞게 ×, △, □를 표시하세요. (단, ○는 딱 한 개만 고르세요.)

| ○ 가장 알맞아요! | × 전혀 관계가 없어요! | △ 글보다 범위가 좁아요! | □ 글보다 범위가 넓어요! |

| 죽마고우에 얽힌 이야기 | 진정한 친구 |
| 친구가 좋은 이유 | 은호의 죽음 |

총 문제 개수 13 개   총 맞은 개수 개   총 틀린 개수 개

좋은 습관 다지는

낯선 사람과 즐겁게 사귀세요

우리나라에도 사람이 많은 곳에 가면 어김없이 있는 커피 전문점 스타벅스. 세계에 4만 개가 넘는 매장이 있을 정도로 번창한 이 스타벅스를 만든 사람이 하워드 슐츠예요. 그는 매일 다른 사람과 점심을 먹는 습관이 있었대요. 만남을 통해 사람들과 그들의 다양한 생각이 얼마나 중요한지 깨달았어요.

사람은 저마다 다 달라요. 여러 사람을 만난다는 것은 다양한 생각과 지식을 만난다는 뜻이고요. 낯선 사람을 만나는 것을 두려워하거나 부끄러워하는 친구들이 있어요. 그럴 필요 없어요. 새로운 사람을 만나는 것은 즐겁고 유익한 기회예요. 이런 만남이 자신을 성장시킬 거예요. 새로운 인연을 즐기는 습관이 친구들을 자라게 한다는 걸 기억하세요.

● 오늘의 읽기 자료입니다. 잘 읽고 아래 문제들을 풀어 보세요.

앞으로 50년 후엔 남태평양의 섬나라 투발루를 볼 수 없을지도 모릅니다. 지구 온난화로 해수면이 상승하여 매년 0.5~0.6mm씩 바닷물에 잠기기 때문입니다. 또한 그 때문에 지하수가 소금기를 띠자 코코넛 나무와 농작물이 죽어가고, 사람들이 먹을 식수조차 구할 수 없게 되었습니다.

해수면 상승만큼 열대 폭풍도 투발루 주민들을 두려움에 떨게 합니다. 과거에는 열대 폭풍이 일 년에 한두 번 발생했습니다. 하지만, 지금은 매달 발생하고 그 세기도 점점 강해지고 있습니다. 매년 2월이면 투발루는 연중 해수면이 가장 높은 '킹 타이드'로 큰 물난리를 겪는데, 주민들은 '킹 타이드'와 열대 폭풍이 한꺼번에 닥칠까 봐 공포에 떨고 있다고 합니다.

투발루 정부에서는 다른 나라로 집단 이민할 계획을 하지만, 이를 받아들이는 나라가 없는 상태입니다. 따라서 국제적인 노력이 없다면 투발루 주민들은 환경 난민이 될 처지입니다. 지구 온난화의 주범인 산업 시설과는 거리가 먼 남태평양의 작은 섬이 지구 온난화의 희생양이 되었습니다.

1-2. 핵심어 찾기 : 다음 낱말들이 위 글에서 몇 번씩 나왔는지 세어 보세요. 많이 나온 낱말이 위 글에서 가장 중요한 핵심어입니다.

해수면	지구 온난화	열대 폭풍	환경 난민	킹 타이드	남태평양
3	3	3	1	2	2

1-1. 핵심어 찾기 : 다음 낱말들 중에 위 글에 나온 낱말의 빈칸에 동그라미 하세요. 동그라미 한 낱말들이 위 글의 주제와 관련된 핵심어입니다.

해수면 상승	아프리카	지구 온난화	오존층	폭설	투발루	환경 난민
○	×	○	×	×	○	○

표 안의 낱말들이 지문에 나왔는지 확인합니다. 종류가 비슷하거나 글을 제대로 읽지 않으면 헷갈릴 만한 보기들이 있기 때문에 제시문을 잘 확인해야 합니다. 제시문의 해당 낱말에 표시를 하면서 답을 달도록 합니다.

표 안의 낱말들이 지문에 몇 번 등장했는지 세어 봅니다. 제시문의 해당 낱말에 표시를 하면서 숫자를 세도록 합니다.

♥ 다음 보기 를 이용해서 2~3번 문제를 풀어 보세요.

보기 ① 해수면 상승   ② 환경 난민   ③ 지구 온난화
     ④ 지하수의 소금기   ⑤ 국제적인 노력   ⑥ 열대 폭풍

2. 글의 짜임 그리기 : 다음은 위 글의 내용을 한눈에 볼 수 있도록 정리한 표입니다. 빈칸에 보기 의 ①~⑥을 알맞게 넣어 표를 완성해 보세요.

지구 온난화의 희생양, 투발루

㉮ ①	㉯ ④	㉰ ⑥
매년 조금씩 바닷물에 잠기고 있다.	식수 공급이 어렵다. 농사를 지을 수 없다.	한 달에 한 번씩 발생한다.

국제적인 노력이 없다면, 투발루 주민들은 ㉱ ② 이 될 것이다.

> 화살표 방향과 상자 안의 글이 무엇을 의미하는지를 잘 읽어보고 문제를 풀어야 합니다.

> 화살표 아래 글을 보고 지구 온난화로 인해 발생하는 현상을 〈보기〉에서 찾아야 합니다. 그러면 ㉮는 해수면 상승(①), ㉯는 지하수의 소금기(④), ㉰는 열대 폭풍(⑥)이 됩니다.

3. 요약하기 : 다음은 위 글의 중심 내용을 요약한 것입니다. 빈칸에 보기 의 ①~⑥을 알맞게 넣어 요약 글을 완성해 보세요.

남태평양의 섬나라 투발루가 ㉮ ③ 의 희생양이 되었습니다. 극지방의 얼음이 녹으면서 해수면이 상승하자 섬나라 투발루가 조금씩 바닷물에 잠기고 있습니다. 지하수는 소금기를 띠어 식수를 구하기 어렵고 농사를 지을 수가 없습니다. 게다가 한 달에 한 번씩 발생하는 열대 폭풍으로 투발루 주민들은 두려움에 떨고 있습니다. ㉯ ⑤ 이 없다면, 머지않아 투발루 주민들은 환경 난민이 될 처지입니다.

> 글의 내용과 가장 잘 어울리는 낱말이나 문장을 〈보기〉에서 찾습니다. 〈보기〉에서 가장 적절한 것은 환경 난민(②)입니다.

> 2번의 짜임을 문장으로 연결한 것으로, 제시문의 주요 내용을 뽑아 간추리는 작업입니다.

4. 제목달기 : 다음은 위 글의 제목 후보입니다. 먼저, 위 글의 제목으로 가장 알맞은 것을 골라 빈칸에 ○를 하세요. 그런 다음, 주어진 조건에 맞게 ×, △, □를 표시하세요. (단, ○는 딱 한 개만 고르세요.)

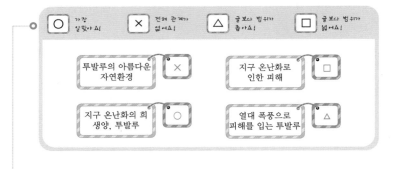

먼저 글의 내용을 가장 적절하게 대표하는 제목 후보를 골라 ○표를 합니다. 그런 다음 ×, △, □ 표시를 합니다. ○를 제외한 나머지 부호들은 들어가지 않거나 몇 번 반복해서 들어가는 경우가 있으니 지도에 유의해 주세요. 글에 나온 내용과 전혀 관계가 없는 후보일 경우에는 ×표를 합니다. 글에 나온 내용이긴 하지만 글의 일부 내용만을 담고 있어서 글 전체를 포함하지 못하는 후보일 경우에는 △표를 합니다. 글에서 제시한 소재나 내용보다 범위가 넓은 후보일 경우에는 □표를 합니다.

❶ **투발루의 아름다운 자연환경** : 제시문은 지구 온난화로 인해 바닷물에 잠겨 가는 투발루에 관한 글입니다. 따라서 이 글의 내용과는 상관이 없습니다.

❷ **지구 온난화로 인한 피해** : 투발루의 예는 지구 온난화로 인한 피해 중에 하나이므로, 이 글의 제목으로는 범위가 너무 넓습니다.

❸ **지구 온난화의 희생양, 투발루** : 제시문은 지구 온난화로 큰 피해를 입어 머잖아 사라지게 될 투발루에 대한 내용입니다. 그러므로 이 글의 제목으로 알맞습니다.

❹ **열대 폭풍으로 피해를 입는 투발루** : 제시문에는 지구 온난화로 인해 투발루가 겪고 있는 피해의 예로 열대 폭풍 외에도 다른 사례들이 나옵니다. 따라서 이 글의 제목으로는 범위가 좁습니다.

차 례

Contents

01 회

 머리 풀어 주는 퍼즐

도전 시간	걸린 시간
00 분 20 초	분 초

창의사고력 기초 다지기 주의집중력 쑥~

굴러가는 모양이 다른 하나를 찾아 보세요.

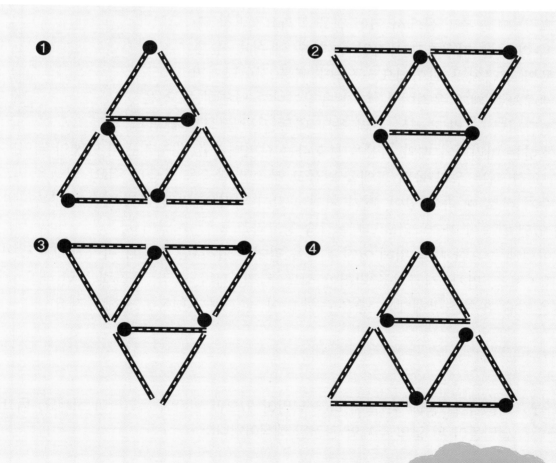

번

● 오늘의 읽기 자료입니다. 잘 읽고 문제를 풀어 보세요.

우리 몸의 뼈는 모두 몇 개일까요? 갓난아이의 뼈는 350개예요. 하지만 어른이 되면 206개로 줄어든답니다. 뼈가 서로 합쳐지면서 더욱 굵고 단단한 어른 뼈로 되기 때문이에요. 뼈 무게는 우리 몸무게의 $\frac{1}{4}$정도예요. 만약, 내 몸무게가 28kg라면 뼈 무게는 7kg랍니다.

그럼, 뼈는 우리 몸에서 어떤 일을 할까요? 먼저 뼈는 우리 몸을 지탱하고 움직일 수 있게 해 줘요. 높은 건물의 철근처럼 말이에요. 근육이 뼈를 잡아당기면 지렛대처럼 뼈가 움직여요. 뼈가 움직이니까 당연히 몸도 움직인답니다. 그리고 뼈는 우리 몸의 내부 기관을 보호해 줘요. 뇌를 보호하는 머리뼈와 폐와 심장을 보호하는 갈비뼈처럼 내부 기관의 헬멧이 되어 주지요. 또한 뼈는 우리 몸의 혈액을 만들고 부족한 칼슘을 보충해 줘요. 혈액을 만드는 골수가 바로 뼈 속에 있어, 뼈가 혈액 공장이 되지요. 만약 몸에 칼슘이 부족하면 뼈에 있던 칼슘이 빠져나와요. 뼈는 칼슘 창고라고도 할 수 있어요.

이렇게 중요한 뼈를 위해 어떤 음식을 먹어야 할까요? 칼슘과 비타민 D가 많이 든 우유, 치즈, 멸치, 시금치를 먹어야 해요. 잠깐! 커피, 콜라, 초콜릿은 안 돼요. 카페인은 칼슘 흡수를 방해해요. 좋은 음식 많이 먹고 뼈를 행복하게 해 주세요.

❶ 핵심어 찾기

다음 낱말 중에 위 글에 나온 낱말이 있으면 빈칸에 동그라미 하세요. 동그라미 한 낱말들이 위 글의 주제와 관련된 핵심어입니다.

문제 개수 **5** 개

맞은 개수 ⬭ 개

틀린 개수 ⬭ 개

지렛대	헬멧	뼈	피부	음식

♥ 다음 보기를 이용해서 ❷~❸번 문제를 풀어 보세요.

보기
① 우유, 치즈, 멸치, 시금치
② 우리 몸무게의 $\frac{1}{5}$
③ 몸의 내부 기관
④ 혈액을 만들고 부족한 칼슘을 보충

❷ 글의 짜임
그리기

문제 개수 3 개

맞은
개수 ⬡ 개

틀린
개수 ⬡ 개

다음은 위 글의 내용을 한눈에 볼 수 있도록 정리한 표입니다. 빈칸에 보기의 ①~④를 알맞게 넣어 표를 완성해 보세요.

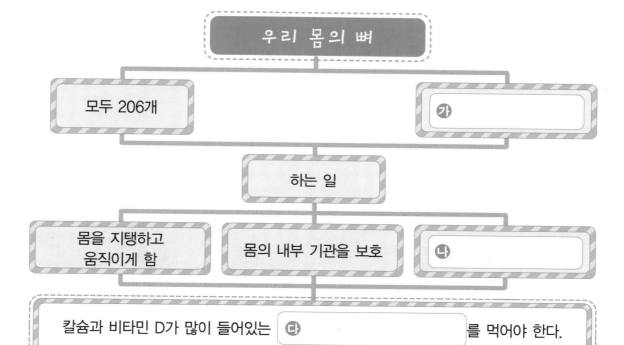

❸ 요약
하기

문제 개수 1 개

맞은
개수 ⬡ 개

틀린
개수 ⬡ 개

다음은 위 글의 중심 내용을 요약한 것입니다. 빈칸에 보기의 ①~④를 알맞게 넣어 요약 글을 완성해 보세요.

우리 몸의 뼈는 모두 206개이다. 그 무게는 우리 몸무게의 $\frac{1}{5}$정도이다. 뼈가 하는 일은 몸을 지탱하고 움직이게 하며, ㉮ _____을 보호해 준다. 또한 혈액을 만들고 부족한 칼슘을 보충한다. 뼈를 위해서는 칼슘과 비타민 D가 많이 든 우유, 치즈, 멸치, 시금치를 먹어야 한다.

다음은 위 글에 가장 어울리는 제목을 찾는 과정입니다. 서로 관계 있는 것끼리 줄로 이으세요.

문제 개수 3 개

맞은 개수 ◯ 개

틀린 개수 ◯ 개

우리 몸의 뼈 ★   ★ 이 글의 제목으로 딱 좋아!

우리 몸의 혈액 ★   ★ 범위가 너무 좁아!

우리 몸의 뼈가 하는 일 ★   ★ 이 글과 상관없는 제목이야!

총 문제 개수 ◯12◯ 개 │ 총 맞은 개수 ◯ 개 │ 총 틀린 개수 ◯ 개

글을 읽고 나서 오늘 공부를 신나게 시작하자고!

마음에 힘이 되는 **12**

생태 도시 밀턴케인스

　　밀턴케인스에 가 보세요. 사람과 자연이 어우러져 함께 살아가는 모습을 볼 수 있을 거예요. 밀턴케인스는 영국에 있는 생태 도시랍니다. 원래는 맑은 호수가 있는 시골 마을이었어요. 사람들이 밀턴케인스를 개발하면서, 공해를 발생시킬 수 있는 그 어떤 공장도 짓지 않았어요. 건물도 2, 3층의 낮은 높이로만 지었지요. 또한 붉은 콘크리트로 포장된 레드웨이는 보행자 전용 도로로 누구나 편하게 걸을 수 있는 거리랍니다. 그럼 이렇게 사람과 자연이 어우러진 밀턴케인스를 세우는데 시간이 얼마나 걸렸을까요? 무려 30년이나 걸렸답니다.

　　세상에는 하루아침에 이루어지는 일이란 하나도 없어요. 여러분의 꿈도 마찬가지예요. 하루하루가 모여서 미래를 만들어 가는 거예요. 여러분의 꿈을 이루는데 30년보다도 더 많은 시간이 걸릴지도 몰라요. 하지만 꿈을 잃지 않고 계속 노력한다면 틀림없이 이룰 수 있을 거랍니다.

머리 풀어 주는 퍼즐

창의사고력 기초 다지기 연상추리력 쑥~

1번 모양이 보기와 같이 되려면 어떤 모양이 더 필요할까요?

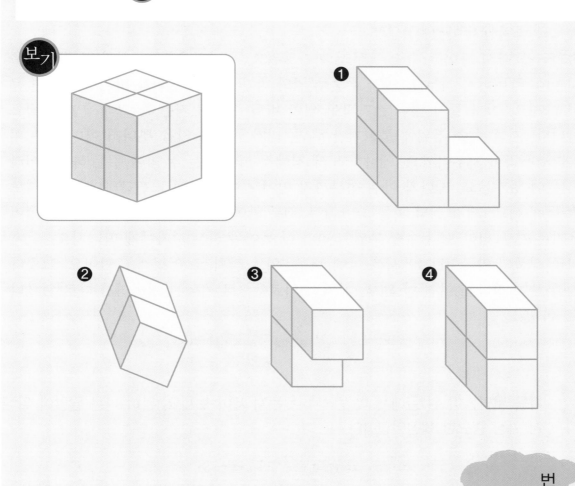

보기

❶

❷ ❸ ❹

번

● 오늘의 읽기 자료입니다. 잘 읽고 문제를 풀어 보세요.

안녕하세요?

저는 '오싹오싹 병원'의 거머리 박사예요. 저는 피를 쪽쪽 빨아 먹는 거머리지요. 저희 병원은 사고로 잘린 손가락을 다시 붙여 주는 수술을 해요. 특히 거머리를 이용한 치료로 유명하답니다. 왜 오싹오싹 병원인지 아셨지요?

손가락을 다시 붙이는 수술은 무척 까다로워요. 현미경을 보며 신경과 혈관 등을 다시 이어 주어야 하거든요. 만약 수술 부위의 피가 굳어서 혈관을 막기라도 하면 큰일이 나지요. 피가 돌지 않아 손가락이 썩어 버릴 수도 있거든요. 그래서 제가 필요하답니다. 저를 수술 부위에 붙이기만 하면, 피가 굳지도 않을 뿐더러 이미 굳은 피도 제가 다 먹어 치우니까요. 왜냐하면 제 침에는 피가 굳는 걸 막아 주는 하루딘이라는 성분이 있거든요. 게다가 마취 성분까지 있어서 아픔도 덜 느낀답니다. 저는 피도 팍팍 돌게 해요. 제가 워낙 피를 좋아해서 30분 만에 제 몸의 10배나 되는 피를 먹어 치우거든요. 그러다 보니 수술 부위의 피가 잘 돌아야 하는 환자에게 딱이지요.

미국 식품의 약국(FDA)에서는 아예 저를 '의료 장치'로 인정해 주었어요. 그렇다고 아무 거머리나 붙이면 안 돼요. 저처럼 의료용으로 키워진 거머리가 따로 있으니까요. 아셨죠?

❶ 핵심어 찾기

다음 낱말들이 위 글에서 몇 번씩 나왔는지 세어 보세요. 많이 나온 낱말이 위 글에서 가장 중요한 핵심어입니다.

문제 개수 3 개

맞은 개수 ◯ 개
틀린 개수 ◯ 개

거머리	의료 장치	하루딘

18

♥ 다음 보기 를 이용해서 ❷~❸번 문제를 풀어 보세요.

보기 ① 손가락을 다시 붙이는 수술

② 의료용으로 키워진 거머리가 따로 있다.

③ 손가락이 썩어 버릴 수도 있는데

④ 거머리 침의 하루딘과 마취 성분

❷
글의 짜임
그리기

다음은 위 글의 내용을 한눈에 볼 수 있도록 정리한 표입니다. 빈칸에 보기 의 ①~④를 알맞게 넣어 표를 완성해 보세요.

문제 개수 3 개

맞은
개수 ⬚ 개

틀린
개수 ⬚ 개

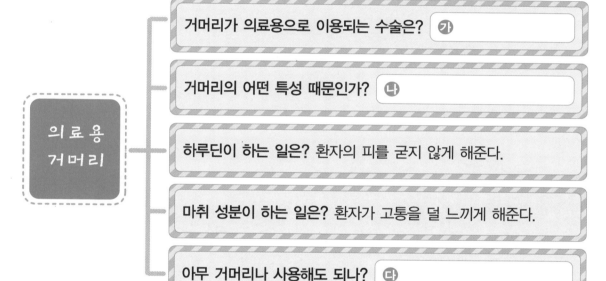

의료용
거머리

거머리가 의료용으로 이용되는 수술은? ㉮

거머리의 어떤 특성 때문인가? ㉯

하루딘이 하는 일은? 환자의 피를 굳지 않게 해준다.

마취 성분이 하는 일은? 환자가 고통을 덜 느끼게 해준다.

아무 거머리나 사용해도 되나? ㉰

❸
요약
하기

다음은 위 글의 중심 내용을 요약한 것입니다. 빈칸에 보기 의 ①~④를 알맞게 넣어 요약 글을 완성해 보세요.

문제 개수 1 개

맞은
개수 ⬚ 개

틀린
개수 ⬚ 개

　　피를 빨아먹는 거머리가 의료용으로 이용되고 있다. 이용되는 분야는 손가락을 다시 붙이는 수술이다. 수술 부위의 피가 돌지 않으면 ㉮ 이때 거머리를 이용한다. 거머리 침에 있는 하루딘은 환자의 피를 굳지 않게 해주며, 마취 성분은 환자의 고통을 덜 느끼게 해준다. 그러나 아무 거머리나 이용해서는 안 된다. 반드시 의료용으로 키워진 거머리를 이용해야 한다.

다음은 위 글에 가장 어울리는 제목을 지어 보는 과정입니다. 보기에 주어진 낱말을 이용해서 제목을 달아 보세요.

문제 개수 1 개

맞은 개수 ⬜ 개

틀린 개수 ⬜ 개

보기   인정받은   거머리   의료 장치로

┌───┐
│   │
└───┘

총 문제 개수 ⑧ 개 │ 총 맞은 개수 ◯ 개 │ 총 틀린 개수 ◯ 개

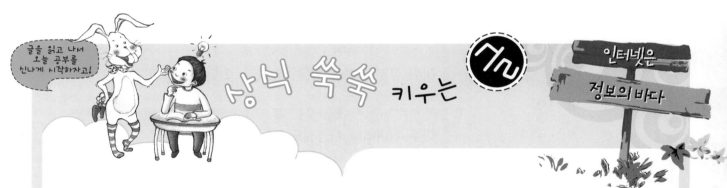

상식 쑥쑥 키우는 72

인터넷은 정보의 바다

글을 읽고 나서 오늘 공부를 신나게 시작하자고!

인터넷을 '정보의 바다' 라고 합니다. 인터넷을 따라 수많은 정보들이 떠다니기 때문이랍니다. 우리는 '정보의 바다' 를 이용해 원하는 정보를 찾아 숙제도 하고 보고서도 만듭니다. 때로는 오래된 신문 기사를 읽기도 하고, 도서관에서 책을 빌려 컴퓨터로 보기도 합니다. 인터넷은 우리 생활을 편리하게 만들어 주었답니다.

그러나, 인터넷을 '정보의 홍수' 라고 부르기도 합니다. 너무나 많은 비가 내리면 피해를 주듯이 너무도 많은 정보 때문에 해를 입기 때문이랍니다. 불필요한 내용의 이메일과 원하지 않는 사이트에 접속하게 되는 경우가 흔히 발생합니다. 가끔은 너무 많은 정보 때문에 원하던 정보를 찾기 위해 몇 시간 동안을 허비하는 경우도 있습니다.

인터넷이 '정보의 바다' 가 될지, '정보의 홍수' 가 될지는 바로 우리 손에 달려 있답니다.

공부를 시작할 때도 준비운동이 필요하다고! 하나둘 하나둘

머리 풀어 주는 퍼즐

도전 시간	걸린 시간
00 분 20 초	분 초

창의사고력 기초 다지기   판단능력   쑥~

를 뒤집은 그림은 무엇일까요?

보기

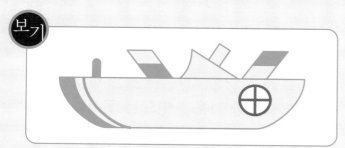

①

②

③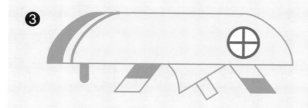

④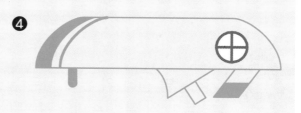

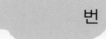 번

빠르고 **정확**하게 **읽기**

도전시간

| 5 분 | 40 초 |

걸린시간

| 분 | 초 |

● 오늘의 읽기 자료입니다. 잘 읽고 문제를 풀어 보세요.

다음 속담들의 공통점은 무엇일까요?

'간이 크다.', '간이 부었다.', '간담이 서늘하다.', '간이 콩알만 해졌다.'

하나는 모두 '간'이 들어간다는 것이고, 다른 하나는 그 뜻이 '겁'과 관련이 있다는 것입니다. '간이 크다.'와 '간이 부었다.'는 겁이 없이 대담하다는 뜻이고, '간담이 서늘하다.'와 '간이 콩알만 해졌다.'는 매우 놀라서 겁이 났다는 뜻이랍니다.

이렇게 우리 몸의 내장 기관인 '간'이 '겁'과 관련을 갖게 된 것은 한의학의 영향 때문입니다. 한의학에서는 우리 몸의 '간'이 용감한 기운을 만드는 곳이라고 생각했어요. 그래서 '간'을 '장군'이라고 불렀답니다. 생각해 보세요. 장군은 매우 용감한 사람이잖아요. 전쟁터에서 두려움을 물리치고 적과 싸워야 하니까요. 그래서 간의 기운이 부족하면 조그만 일에도 겁을 내서 두려워 하고, 간의 기운이 충분하면 어떤 일에도 대범하게 행동한다고 생각했답니다.

용기 있는 사람이 되고 싶다면 지금부터 간을 튼튼하게 만드세요. 그러면 장군 같이 용감한 사람이 될 거예요.

① 핵심어 찾기

다음 낱말 중에 위 글에 나온 낱말이 있으면 빈칸에 동그라미 하세요. 동그라미 한 낱말들이 위 글의 주제와 관련된 핵심어입니다.

문제 개수 5 개

맞은 개수 ___ 개

틀린 개수 ___ 개

간	한의학	겁쟁이	용기	장군

22

♥ 다음 보기를 이용해서 ❷~❸번 문제를 풀어 보세요.

보기　① 어떤 일에도 대범하게 행동한다.　　② 용감한 기운을 만드는 곳
　　③ '간담이 서늘하다.'와 '간이 콩알만 해졌다.'
　　④ 매우 놀라서 겁이 났다.

❷
글의 짜임
그리기

문제 개수 3 개

맞은
개수 　　 개

틀린
개수 　　 개

다음은 위 글의 내용을 한눈에 볼 수 있도록 정리한 표입니다. 빈칸에 보기의 ①~④를
알맞게 넣어 표를 완성해 보세요.

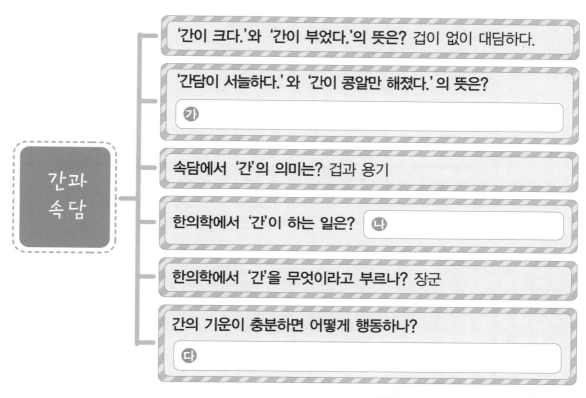

간과
속담

'간이 크다.'와 '간이 부었다.'의 뜻은? 겁이 없이 대담하다.

'간담이 서늘하다.'와 '간이 콩알만 해졌다.'의 뜻은?
㉮

속담에서 '간'의 의미는? 겁과 용기

한의학에서 '간'이 하는 일은? ㉯

한의학에서 '간'을 무엇이라고 부르나? 장군

간의 기운이 충분하면 어떻게 행동하나?
㉱

❸
요약
하기

문제 개수 1 개

맞은
개수 　　 개

틀린
개수 　　 개

다음은 위 글의 중심 내용을 요약한 것입니다. 빈칸에 보기의 ①~④를 알맞게 넣어
요약 글을 완성해 보세요.

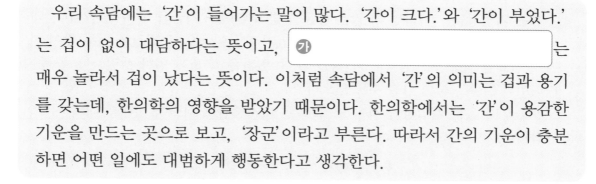

　　우리 속담에는 '간'이 들어가는 말이 많다. '간이 크다.'와 '간이 부었다.'
는 겁이 없이 대담하다는 뜻이고, ㉮ 　　　　　　　　　　　　는
매우 놀라서 겁이 났다는 뜻이다. 이처럼 속담에서 '간'의 의미는 겁과 용기
를 갖는데, 한의학의 영향을 받았기 때문이다. 한의학에서는 '간'이 용감한
기운을 만드는 곳으로 보고, '장군'이라고 부른다. 따라서 간의 기운이 충분
하면 어떤 일에도 대범하게 행동한다고 생각한다.

❹ 제목
달기

문제 개수 **4** 개

맞은 개수 ◯ 개

틀린 개수 ◯ 개

다음은 위 글의 제목 후보입니다. 먼저, 위 글의 제목으로 가장 알맞은 것을 골라 빈칸에 ◯를 하세요. 그런 다음, 주어진 조건에 맞게 ×, △, □를 표시하세요. (단, ◯는 딱 한 개만 고르세요.)

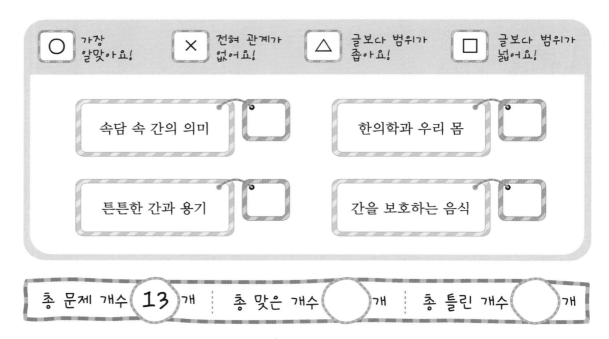

| ◯ 가장 알맞아요! | × 전혀 관계가 없어요! | △ 글보다 범위가 좁아요! | □ 글보다 범위가 넓어요! |

속담 속 간의 의미

한의학과 우리 몸

튼튼한 간과 용기

간을 보호하는 음식

총 문제 개수 **13** 개 │ 총 맞은 개수 ◯ 개 │ 총 틀린 개수 ◯ 개

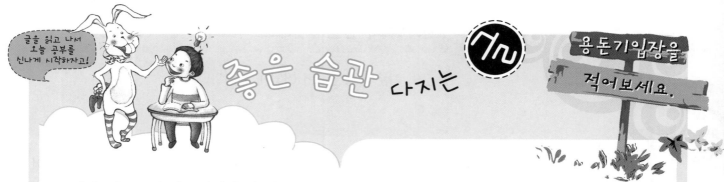

글을 읽고 나서 오늘 공부를 신나게 시작하자고!

좋은 습관 다지는 7초

용돈기입장을 적어보세요.

　많은 친구들이 일주일이나 한 달 단위로 용돈을 받고 있을 거예요. 하지만 귀찮다는 이유로 용돈 기입장을 적고 있는 친구는 그리 많지 않을 거랍니다.

　용돈 기입장을 기록하면 더 많은 용돈을 받지 않아도 저금을 할 수 있답니다. 왜냐고요? 용돈의 들어오고 나감을 한눈에 알아 볼 수 있기 때문이에요. 군것질을 너무 많이 한 것은 아닌지 불필요한 학용품을 산 건 아닌지를 알 수 있거든요. 또한 엄마 생일 선물을 준비하기 위해 미리미리 지출을 줄여 나갈 수도 있으니까요.

　오늘부터 용돈 기입장을 적어 보세요. 돈의 소중함과 더불어 미래를 대비하는 연습을 하게 된답니다.

24

공부를 시작할 때도
준비운동이 필요하다고!
하나둘 하나둘

머리 풀어 주는 퍼즐

도전 시간	걸린 시간
00 분 20 초	분 초

창의사고력 기초 다지기 정보처리능력 쑥~

다음 그림은 어떤 규칙을 따라 모양이 변하고 있습니다. **?**에 나올 그림이
무엇인가요?

❶ 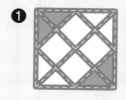   ❷ 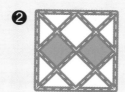   ❸ 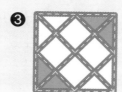   ❹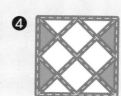

번

● 오늘의 읽기 자료입니다. 잘 읽고 문제를 풀어 보세요.

진희는 망설이며 서 있었어요. 푹푹 빠지는 개흙에 발을 내딛기가 겁이 났거든요.

"너 서울에서 왔지?"

한 아이가 진희에게 말을 걸었어요. 지금은 썰물 때라 육지지만 밀물 때가 되면 바다로 변한다며 얼른 조개를 잡으러 가라고 말했어요.

"난 혁재야. 할머니랑 여기서 살아. 빨리빨리 걸어야 해. 안 그러면 개흙에 빠진단 말이야."

앞서던 아이가 손을 내밀었어요. 진희는 왠지 혁재가 오랜 친구처럼 느껴졌어요.

"여기 무안은 진흙으로 된 펄 갯벌이야. 낙지랑 소라가 살아. 태안은 모래로 된 모래 갯벌인데, 바지락이랑 맛조개가 많대. 서해안 해수욕장처럼 펄이랑 모래가 섞인 혼합 갯벌도 있어."

"야! 너 갯벌 박사구나. 어쩐지 태안 갯벌이랑 너무 다르더라."

혁재는 눈을 반짝이며 물었어요.

"너, 태안에도 가 봤어? 정말 다 모래야? 아, 나도 가 보고 싶다."

둘은 한참 동안 태안 이야기를 하며 조개를 잡았답니다. 집으로 오는 길에 진희는 혁재랑 태안에 가 보면 좋겠다고 생각했어요.

①
핵심어 찾기

다음 문장의 빈칸에 알맞은 낱말을 적어 보세요. 빈칸에 들어갈 낱말이 위 글에서 가장 중요한 핵심어입니다.

문제 개수 1 개

맞은 개수 ◯ 개

틀린 개수 ◯ 개

바닷가 부근의 지형으로, 썰물 때에는 육지로 밀물 때에는 바다로 변하는 곳을 ㉮ [   ] 이라고 한다.

26

♥ 다음 보기 를 이용해서 ❷~❸번 문제를 풀어 보세요.

❷ 글의 짜임 그리기

문제 개수 **3** 개

맞은 개수 ◯ 개

틀린 개수 ◯ 개

다음은 위 글의 내용을 한눈에 볼 수 있도록 정리한 표입니다. 빈칸에 보기 의 ①~⑥을 알맞게 넣어 표를 완성해 보세요.

갯벌		
뜻	썰물 때에는 육지로 밀물 때에는 바다로 변하는 바닷가 부근의 지형	
종류	**㉮**	▶ 진흙으로 된 갯벌로 낙지랑 소라가 산다. ▶ 무안
	모래 갯벌	▶ 모래로 된 갯벌로 바지락이랑 맛조개가 산다. ▶ **㉯**
	혼합 갯벌	▶ **㉰** ▶ 서해안 해수욕장

❸ 요약 하기

문제 개수 **3** 개

맞은 개수 ◯ 개

틀린 개수 ◯ 개

다음은 위 글의 중심 내용을 요약한 것입니다. 빈칸에 보기 의 ①~⑥을 알맞게 넣어 요약 글을 완성해 보세요.

갯벌은 바닷가에 있는 지형으로, **㉮** 변하는 곳이다. 그 종류에는 펄 갯벌, 모래 갯벌, 혼합 갯벌이 있다. 펄 갯벌은 진흙으로 된 갯벌로 낙지랑 소라가 산다. 무안 갯벌이 대표적이다. 모래 갯벌은 모래로 된 갯벌로 태안 갯벌이 유명하며 **㉯** . **㉰** 은 펄이랑 모래가 섞인 갯벌로 서해안 해수욕장이 있다.

다음은 위 글의 제목 후보입니다. 먼저, 위 글의 제목으로 가장 알맞은 것을 골라 빈칸에 ○를 하세요. 그런 다음, 주어진 조건에 맞게 ×, △, □를 표시하세요. (단, ○는 딱 한 개만 고르세요.)

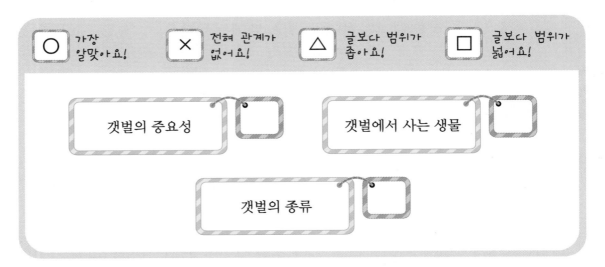

○ 가장 알맞아요!　　× 전혀 관계가 없어요!　　△ 글보다 범위가 좁아요!　　□ 글보다 범위가 넓어요!

갯벌의 중요성

갯벌에서 사는 생물

갯벌의 종류

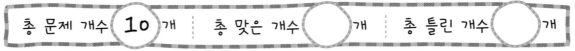

총 문제 개수 10 개 　 총 맞은 개수 ◯ 개 　 총 틀린 개수 ◯ 개

글을 읽고 나서 오늘 공부를 신나게 시작하자고!

마음에 힘이 되는 글

발레리나 강수진의 발

발레리나 강수진의 발을 본 적이 있나요?

그냥 사진만 보고 있으면 희귀병에 걸린 발처럼 보이기도 하고, 발 모양을 한 나무의 뿌리처럼 보이기도 한답니다. 그녀의 발가락마다 박힌 커다란 굳은살은 피나는 연습의 훈장이랍니다. 그녀는 하루에 19시간씩 발레 연습을 했는데, 해어져 못 쓰게 된 토슈즈만도 일 년에 천 켤레가 넘었답니다.

강수진이 세계적으로 유명한 발레리나가 될 수 있었던 것은 바로 연습의 결과랍니다. 어느 날 갑자기 꿈을 이룰 수는 없는 거예요. 아무리 뛰어난 재능을 지닌 사람이라도 하루하루 조금씩 준비하고 노력하지 않는다면 절대로 꿈을 이룰 수 없답니다.

여러분도 꿈을 향해 나아가 보세요. 날마다 조금씩 노력해 보세요. 열심히 노력하면 커다란 꿈을 이룰 수 있습니다.

05회

머리 풀어 주는 퍼즐

도전 시간	걸린 시간
00 분 40 초	분 초

창의사고력 기초 다지기 계산능력 쑥~

다음 중 짝수를 찾아 동그라미 하고 모두 더해 보세요.

9	2	7	5	13	1
11	1	5	3	6	7
4	3	9	11	9	1
3	7	4	3	5	3
9	5	1	7	2	1

빠르고 **정확**하게 읽기

도전시간

5 분	20 초

걸린시간

분	초

● 오늘의 읽기 자료입니다. 잘 읽고 문제를 풀어 보세요.

　　우리나라 서해안 갯벌은 세계 5대 갯벌 가운데 하나입니다. 그 면적이 넓고 아름답기로 유명하지요. 강에서 흘러내린 모래와 흙이 5천년이나 쌓여서 만들어졌답니다. 썰물 때에는 육지로, 밀물 때에는 바다로 변하는 갯벌은 아주 소중한 곳입니다. 인간과 자연에게 큰 이로움을 주기 때문입니다.

　　갯벌은 어민들의 생계를 책임지고 다양한 먹을거리를 제공해 줍니다. 어민들은 갯벌에서 조개, 낙지 등을 잡아다 팔아 생활을 하고, 사람들은 다양한 음식을 해 먹습니다. 또한 갯벌은 갯벌 체험과 축제 등 문화 체험의 장소입니다.

　　갯벌은 바다 생물의 보금자리입니다. 여러 종류의 물고기와 게, 조개 등이 태어나고 성장하니까요. 갯벌은 철새들의 휴식처입니다. 많은 철새들이 알을 낳고 새끼를 키우기 위해 갯벌을 찾습니다. 갯벌은 자연의 콩팥입니다. 우리 몸의 노폐물을 걸러 주는 콩팥처럼, 바다로 흘러드는 오염 물질을 걸러 줍니다. 갯벌은 자연재해를 막는 방패입니다. 스펀지처럼 많은 양의 물을 흡수해서 홍수를 막고 육지로 향하는 태풍의 힘을 약하게 해 주지요.

　　이처럼 소중한 갯벌을 지키기 위해서 갯벌을 국립 공원으로 지정하고 휴식년제를 실시하는 등 다양한 노력이 필요하답니다.

❶ 핵심어 찾기

다음 낱말들 중에 위 글에 나온 낱말이 있으면 빈칸에 동그라미 하세요. 동그라미 한 낱말들이 위 글의 주제와 관련된 핵심어입니다.

문제 개수 **7** 개

맞은 개수 ◯ 개

틀린 개수 ◯ 개

생계	콩팥	새만금	철새	보금자리	무인도	갯벌

♥ 다음 보기 를 이용해서 ❷~❸번 문제를 풀어 보세요.

보기
① 어민들 생계의 터전
② 국립 공원으로 지정하고 휴식년제를 실시
③ 오염 물질을 걸러주는 자연의 콩팥
④ 문화 체험의 장소
⑤ 철새들의 휴식처
⑥ 바다 생물의 보금자리

❷ 글의 짜임 그리기

다음은 위 글의 내용을 한눈에 볼 수 있도록 정리한 표입니다. 빈칸에 보기의 ①~⑥을 알맞게 넣어 표를 완성해 보세요.

문제 개수 4 개

맞은 개수 ___ 개

틀린 개수 ___ 개

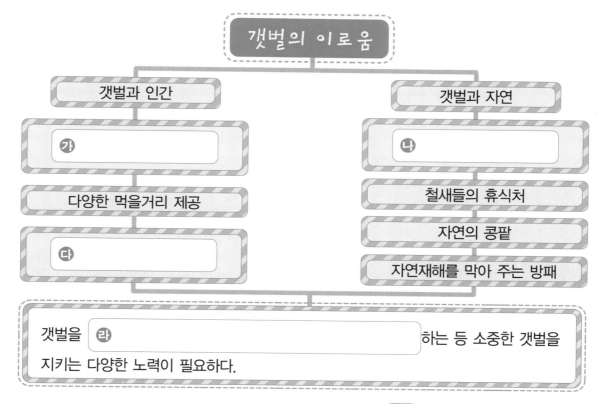

갯벌의 이로움

갯벌과 인간
㉮
다양한 먹을거리 제공
㉰

갯벌과 자연
㉯
철새들의 휴식처
자연의 콩팥
자연재해를 막아 주는 방패

갯벌을 ㉰ _____ 하는 등 소중한 갯벌을 지키는 다양한 노력이 필요하다.

❸ 요약 하기

문제 개수 2 개

맞은 개수 ___ 개

틀린 개수 ___ 개

다음은 위 글의 중심 내용을 요약한 것입니다. 빈칸에 보기의 ①~⑥을 알맞게 넣어 요약 글을 완성해 보세요.

　　갯벌은 인간과 자연에게 이로움을 주는 소중한 자연환경이다. 어민들에게는 생계의 터전이 되며, 다양한 먹을거리를 제공하고, 축제와 체험 등 문화 체험의 장소가 된다. 또한 갯벌은 바다 생물의 보금자리이며, ㉮ _____ 이다. ㉯ _____ 이며 자연재해를 막아주는 방패 역할도 한다. 따라서 소중한 갯벌을 지키기 위해 갯벌을 국립 공원으로 지정하고 휴식년제를 실시하는 등 다양한 노력이 필요하다.

④ 제목 달기

다음은 위 글에 가장 어울리는 제목을 찾는 과정입니다. 서로 관계 있는 것끼리 줄로 이으세요.

문제 개수 3 개

맞은 개수 ⃝ 개

틀린 개수 ⃝ 개

갯벌을 망치는 갯벌 체험 ★   ★ 이 글의 제목으로 딱 좋아!

자연의 콩팥, 갯벌 ★   ★ 범위가 너무 좁아!

갯벌이 주는 이로움 ★   ★ 이 글과 상관없는 제목이야!

총 문제 개수 ⃝16⃝ 개   총 맞은 개수 ⃝ 개   총 틀린 개수 ⃝ 개

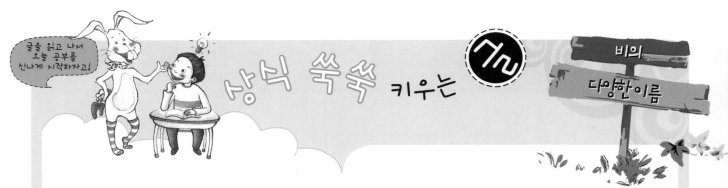

상식 쑥쑥 키우는 7교시

비의 다양한 이름

글을 읽고 나서 오늘 공부를 신나게 시작하자고!

농사를 지으며 생활하던 우리 조상들에게 비는 고맙기도 하고 밉기도 한 존재였습니다. 그래서인지 비에게 다양한 이름을 붙여 주었답니다.

농사일에 알맞게 내리는 비는 고마운 비랍니다. 못자리를 만들 무렵에 맞춰 알맞게 오는 비는 낙종물, 모종할 때에 알맞게 내리는 비는 모종비, 모낼 무렵 오는 비는 목비, 모를 낼 만큼 흡족하게 오는 비는 못비라고 했답니다. 낙종물, 모종비, 목비, 못비는 꼭 필요할 때 내리는 단비랍니다.

며칠 동안 계속 내리는 큰비는 미움을 받았답니다. 봄날 여러 날 계속 비가 내리면 봄장마, 추수를 앞둔 가을철에 여러날 내리는 비는 가을장마, 초가을에 비가 오다 말다 하는 장마는 건들장마, 여러 날 동안 물을 퍼붓듯이 세차게 비가 내리면 억수장마라고 불렀답니다.

32

창의사고력 기초 다지기   주의집중력 쑥~

각 모양의 수가 서로 같다고 할 때 빈칸에 들어갈 그림은 무엇일까요?

①

②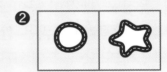

③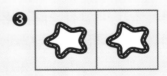

④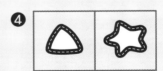

번

빠르고 **정확**하게 **읽기**

도전시간

| 5 | 분 | 40 | 초 |

걸린시간

| | 분 | | 초 |

● 오늘의 읽기 자료입니다. 잘 읽고 문제를 풀어 보세요.

20○○년 ○○월 ○일

제주도 가족 여행 둘째 날. 남원읍 수망리에 있는 물영아리 오름에 다녀왔다. 입구에서 자연 해설사 아저씨와 자원봉사자들이 관람객을 기다리고 있었다. 자연 해설사 아저씨가 '오름'이 산봉우리를 뜻하는 제주도 말이라며 물영아리 오름에 대해 설명을 해 주었다. 물영아리 오름은 람사르 습지로 지정될 만큼 소중한 자연환경이라고 했다.

우선, 우리나라에 하나밖에 없는 분화구*형 습지란다. 대부분의 오름은 화산재로 되어 있어서 물이 고이지를 않는데, 특이하게 물영아리 오름은 물이 많은 습지라고 했다. 그리고 한라산과 더불어 자연 그대로의 모습이 가장 잘 보존되어 있는 곳이란다. 게다가 국내 처음으로 발견된 영아리난초, 멸종 위기에 처한 백운란, 으름난초, 애기뿔소똥구리, 물장군, 맹꽁이 등이 살고 있어 더욱 소중하다고 했다.

그러나 요즘 너무 많은 관람객이 몰려들어 걱정이라고 했다. 물영아리 오름이 훼손될까 봐서란다. 아저씨는 관람객 수를 제한하기 위해 사전 예약제를 실시했으면 좋겠다고 했다. 자연 해설사 아저씨와 자원봉사자들이 있는 한 물영아리 오름은 절대 훼손당하지 않을 거라는 생각이 들었다.

분화구 : 화산 활동 중 용암과 화산 가스 등이 밖으로 나온 곳

① 핵심어 찾기

다음 문장의 빈칸에 알맞은 낱말을 적어 보세요. 빈칸에 들어갈 낱말이 위 글에서 가장 중요한 핵심어입니다.

문제 개수 1 개

맞은 개수 ◯ 개

틀린 개수 ◯ 개

우리나라에 하나밖에 없는 분화구형 습지인 [   ]은 람사르 습지로 지정된 소중한 자연환경이다.

♥ 다음 보기 를 이용해서 ❷~❸번 문제를 풀어 보세요.

보기 ① 멸종 위기에 처한 식물들이 살고 있다.   ② 람사르 습지로 지정
　　 ③ 우리나라에 하나뿐인 분화구형 습지이다.   ④ 사전 예약제

❷
글의 짜임
그리기

다음은 위 글의 내용을 한눈에 볼 수 있도록 정리한 표입니다. 빈칸에 보기 의 ①~④를 알맞게 넣어 표를 완성해 보세요.

문제 개수 3 개

맞은
개수 　　 개

틀린
개수 　　 개

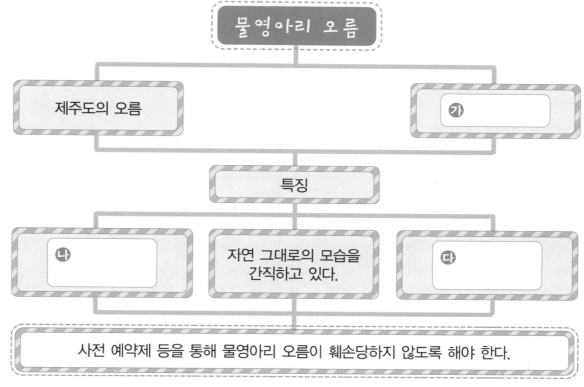

물영아리 오름

제주도의 오름　　　　　　　가

특징

나　　　　자연 그대로의 모습을
　　　　　간직하고 있다.　　　　다

사전 예약제 등을 통해 물영아리 오름이 훼손당하지 않도록 해야 한다.

❸
요약
하기

다음은 위 글의 중심 내용을 요약한 것입니다. 빈칸에 보기 의 ①~④를 알맞게 넣어 요약 글을 완성해 보세요.

문제 개수 1 개

맞은
개수 　　 개

틀린
개수 　　 개

　　제주도에 있는 물영아리 오름은 람사르 습지로 지정될 만큼 소중한 자연 환경이다. 물영아리 오름은 우리나라에 하나밖에 없는 분화구형 습지이다. 또한 자연 그대로의 모습을 간직하고 있으며, 멸종 위기에 처한 다양한 식물들이 살고 있다. 따라서 　가　　　　　 등을 통해 물영아리 오름이 훼손당하지 않도록 지켜 가야 한다.

❹ 제목 달기

다음은 위 글에 가장 어울리는 제목을 지어 보는 과정입니다. 보기에 주어진 낱말을 이용해서 제목을 달아 보세요.

보기 물영아리 오름   모습을   습지   자연의   간직한

좋은 습관 다지는 7과

꼭 지켜야 할 식사 예절

글을 읽고 나서 오늘 공부를 신나게 시작하자고!

여러분은 우리나라의 식사 예절에 대해 얼마큼 알고 있나요? 서양식 식사 예절이 있듯이 우리나라에도 식사 예절이 있답니다.

① 식사 중에 이리저리 돌아다니지 않습니다. ② 수저는 어른이 먼저 든 다음에 들도록 합니다. ③ 숟가락과 젓가락을 한 손에 들지 않습니다. ④ 숟가락이나 젓가락을 그릇에 걸쳐 두지 않습니다. ⑤ 밥과 반찬을 뒤적거리지 않습니다. ⑥ 밥그릇과 국그릇을 들고 먹지 않습니다. ⑦ 식사 중에 너무 말을 많이 하지 않습니다. ⑧ 다른 사람과 식사 속도를 맞춥니다. ⑨ 음식을 다 먹은 뒤에는 수저를 상 위에 가지런히 놓습니다.

아마도 밥을 먹을 때마다 엄마에게 듣던 잔소리와 같을 거예요. 엄마의 잔소리만 잘 듣고 지켜도 우리나라 식사 예절은 모두 지키게 된답니다. 왜냐하면 식사 예절은 실생활 속에서 지켜야 할 기본예절이기 때문이에요.

창의사고력 기초 다지기 연상추리력 쑥~

보기의 글자를 아래로 뒤집으면 어떻게 될까요?

보기

❶ 쥬니

❷ 쥬니 ❸ 쥬니 ❹ 쥬니

번

오늘의 읽기 자료입니다. 잘 읽고 문제를 풀어 보세요.

사회자 : 〈찬반 토론〉 오늘의 주제는 '초등학생 이성 친구 사귀기' 입니다. 나경 양은 찬성인가요 반대인가요?

김나경 : 찬성입니다. 우리도 사람인데, 이성에 관심을 갖는 건 아주 당연하잖아요. 이성 친구를 사귀면 좋은 점도 있고요.

사회자 : 좀 더 자세하게 말씀해 주세요.

김나경 : 이성 친구를 이해하려고 노력하니까 배려심도 커지는 것 같아요. 그리고 이성 친구에게 잘 보이고 싶어서, 행동도 바르게 하고 공부도 열심히 하게 돼요.

이인성 : 에이. 아니에요.

사회자 : 아니라니요? 그럼, 인성 군은 반대 입장인가요?

이인성 : 네. 이성 친구는 공부에 도움이 되는 게 아니라 오히려 방해가 돼요. 잘 보이려고 머리 모양과 옷차림에 신경을 쓰다 보면 오히려 시간을 뺏기거든요.

사회자 : 나쁜 점이 그것 뿐인가요?

이인성 : 아니요. 더 있어요. 용돈도 많이 쓰게 돼요. 기념일 날 선물도 사 주고 맛있는 것도 먹어야 하니까요. 게다가 동성 친구에게 소홀해져요.

사회자 : 그럼 안 되지요. 이성이든 동성이든 친구는 모두 소중한 거예요. 시청자 여러분도 꼭 기억하세요.

①
핵심어 찾기

다음 낱말 중에 위 글에 나온 낱말이 있으면 빈칸에 동그라미 하세요. 동그라미 한 낱말들이 위 글의 주제와 관련된 핵심어입니다.

문제 개수 5 개

맞은 개수 ⬚ 개

틀린 개수 ⬚ 개

이성 친구	옷차림	동성 친구	칭찬	선물

♥ 다음 보기를 이용해서 ❷∼❸번 문제를 풀어 보세요.

보기
① 이인성
② 동성 친구에게 소홀해지는 경향
③ 상대방에 대한 배려심
④ 바른 행동을 하려고 노력한다.
⑤ 용돈을 많이 쓴다.
⑥ 이성에 대한 관심은 당연하다.

❷ 글의 짜임 그리기

다음은 위 글의 내용을 한눈에 볼 수 있도록 정리한 표입니다. 빈칸에 보기의 ①∼⑥을 알맞게 넣어 표를 완성해 보세요.

문제 개수 4 개

맞은 개수 ⬡ 개

틀린 개수 ⬡ 개

	이성 친구 찬성한다.	이성 친구 반대한다.
발표자	김나경	㉮
이유	▶ ㉯ ▶ 배려심이 커진다. ▶ ㉰ ▶ 공부를 열심히 한다.	▶ 공부에 방해가 된다. ▶ 시간을 많이 빼앗긴다. ▶ ㉱ ▶ 동성 친구에게 소홀해진다.

❸ 요약 하기

다음은 위 글의 중심 내용을 요약한 것입니다. 빈칸에 보기의 ①∼⑥을 알맞게 넣어 요약 글을 완성해 보세요.

문제 개수 2 개

맞은 개수 ⬡ 개

틀린 개수 ⬡ 개

　　'초등학생의 이성 친구 사귀기'에 대한 의견은 늘 찬성과 반대로 나뉜다. 찬성하는 사람들의 주장은 이성에 대한 관심은 당연한 것이라고 주장한다. 또한 ㉮ [　　　　　　　]이 커지고, 바른 행동을 하려고 노력하며 공부도 열심히 한다고 말한다. 반면, 반대하는 사람들은 공부에 도움이 되기보다 방해가 되고 시간을 많이 빼앗긴다고 말한다. 또한 선물을 사기 위해 용돈을 많이 쓰게 되고, ㉯ [　　　　　　　　　　]이 있다고 말한다.

❹ 제목 달기

문제 개수 **4**개

맞은 개수 　개

틀린 개수 　개

다음은 위 글의 제목 후보입니다. 먼저, 위 글의 제목으로 가장 알맞은 것을 골라 빈칸에 ○를 하세요. 그런 다음, 주어진 조건에 맞게 ×, △, □를 표시하세요. (단, ○는 딱 한 개만 고르세요.)

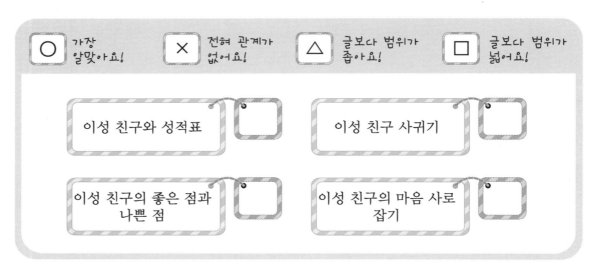

○ 가장 알맞아요!　× 전혀 관계가 없어요!　△ 글보다 범위가 좁아요!　□ 글보다 범위가 넓어요!

이성 친구와 성적표

이성 친구 사귀기

이성 친구의 좋은 점과 나쁜 점

이성 친구의 마음 사로잡기

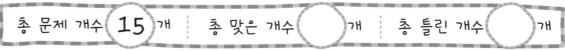

총 문제 개수 **15** 개 ┊ 총 맞은 개수 ○ 개 ┊ 총 틀린 개수 ○ 개

마음에 힘이 되는 가온

글을 읽고 나서 오늘 공부를 신나게 시작하자고!

'고수레'를 아시나요?

　우리 조상은 산과 들에서 음식을 먹기 전에 조금 떼어 던지면서 '고수레' 하고 외쳤답니다. 사람들에게 농사짓는 법을 가르쳐 준 '고시씨'의 고마움을 기리기 위해서랍니다. '고수레' 말고 '고시레' 또는 '고씨네'라고도 외쳤답니다.

　그런데 '고수레'에는 '고시씨'를 기리는 마음과 함께 동물을 불쌍히 여기는 마음도 담겨 있어요. 먹을 것이 풍족하지 않았던 때라 동물도 먹을 것이 귀했거든요. '고시레' 하면서 던진 음식은 동물에게 훌륭한 먹이가 되었답니다. '고시레'를 통해 동물까지 배려하는 조상들의 고운 마음을 알 수 있어요.

　우리도 이런 마음을 배우면 세상의 모든 생명을 사랑하고, 내가 갖고 있는 것을 나눌 수 있는 용기가 저절로 생기고, 더욱 커질 거예요.

머리 풀어 주는 퍼즐

도전 시간	걸린 시간
00 분 15 초	분 초

창의사고력 기초 다지기 판단능력 쑥~

짝수는 짝수끼리, 홀수는 홀수끼리 모여 있도록 선을 그어 둘로 나누어 보세요.

빠르고 **정확**하게 **읽기**

● 오늘의 읽기 자료입니다. 잘 읽고 문제를 풀어 보세요.

안녕하세요? 절친상담소 선생님이에요. 오늘은 이성 친구를 사귈 때 필요한 예절을 소개할게요. 잘 기억해 두고 실천해 보세요.

첫째, 부모님에게 알리기.

부모님에게 이성 친구가 생겼다고 꼭 말해요. 그래야 부모님에게 상담을 할 수도 있고, 이성 친구를 집으로 초대할 수도 있고, 때로는 특별 용돈을 받을 수 있을 테니까요.

둘째, 여럿이 함께 만나기.

단둘이 만나는 것보다 여럿이 함께 만나세요. 스카우트나 아람단 등의 활동을 하면 이성 친구도 만나고 다른 친구들과도 사이좋게 지낼 수 있답니다.

셋째, 부담은 주지도 받지도 말기.

비싼 선물, 상처 주는 말 그리고 지나친 신체 접촉도 부담이에요. 그러므로 초등학생에게 어울리지 않는 비싼 선물은 안 돼요. 만약 손을 잡고 싶어도 상대방이 조금이라도 싫어하면 절대로 잡아서는 안돼요. 그리고 내가 툭 던진 말 한마디가 상대에게는 상처가 될 수도 있으니 상대방을 배려하는 마음을 가져 보세요.

어때요? 그냥 친구 사귀기 예절이지요? 이성이든 동성이든 모두 같은 친구랍니다. 단지 성별이 나와 다르다는 것뿐이에요. 제가 알려 준 예절을 지키면, 누구든 멋진 이성 친구가 될 수 있답니다.

①
핵심어 찾기

다음 낱말들 중에 위 글에 나온 낱말에 있으면 빈칸에 동그라미 하세요. 동그라미한 낱말들이 위 글의 주제와 관련된 핵심어입니다.

문제 개수 7 개

맞은 개수 ◯ 개

틀린 개수 ◯ 개

| 상담 | 배려 | 비밀 | 이성 친구 | 커플링 | 예절 | 부담 |
| | | | | | | |

♥ 다음 보기를 이용해서 ❷∼❸번 문제를 풀어 보세요.

보기
① 부모님께 알리기
② 부담은 주지도 받지도 말기
③ 비싼 선물, 상처를 주는 말
④ 동성 친구를 사귀는 예절
⑤ 지나친 신체 접촉
⑥ 성별

❷ 글의 짜임
그리기

다음은 위 글의 내용을 한눈에 볼 수 있도록 정리한 표입니다. 빈칸에 보기의 ①∼⑥을 알맞게 넣어 표를 완성해 보세요.

문제 개수 4 개

맞은
개수　　개

틀린
개수　　개

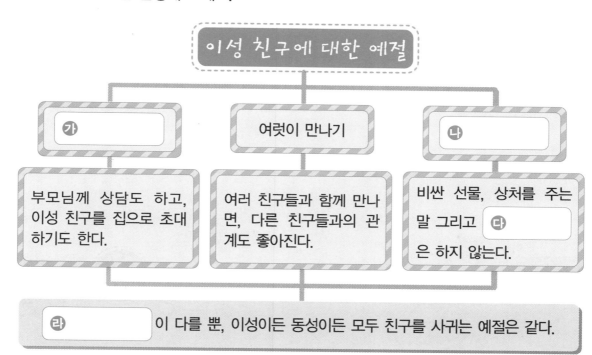

이성 친구에 대한 예절

가

여럿이 만나기

나

부모님께 상담도 하고, 이성 친구를 집으로 초대하기도 한다.

여러 친구들과 함께 만나면, 다른 친구들과의 관계도 좋아진다.

비싼 선물, 상처를 주는 말 그리고 다 은 하지 않는다.

라 이 다를 뿐, 이성이든 동성이든 모두 친구를 사귀는 예절은 같다.

❸ 요약
하기

다음은 위 글의 중심 내용을 요약한 것입니다. 빈칸에 보기의 ①∼⑥을 알맞게 넣어 요약 글을 완성해 보세요.

문제 개수 2 개

맞은
개수　　개

틀린
개수　　개

　　이성 친구를 사귈 때는 예절이 필요하다. 첫째, 부모님께 이성친구가 있다고 말을 한 뒤, 상담을 한다. 둘째, 여러 친구들과 함께 만나면 다른 친구들과의 관계도 좋아진다. 셋째, 부담을 줄 수 있는 가 그리고 지나친 신체 접촉은 하지 않는다. 이성 친구에 대한 예절은 나 과 같다. 다만 성별이 다른 친구를 배려해야 한다는 점이 다를 뿐이다.

④ 제목 달기

다음은 위 글에 가장 어울리는 제목을 찾는 과정입니다. 서로 관계 있는 것끼리 줄로 이으세요.

동성 친구와 이성 친구의 차이점 ★   ★ 이 글의 제목으로 딱 좋아!

부모님에게 상담하기 ★   ★ 범위가 너무 좁아!

이성 친구를 사귈때 필요한 예절 ★   ★ 범위가 너무 넓어!

이성 친구와 선물 ★   ★ 이 글과 상관없는 제목이야!

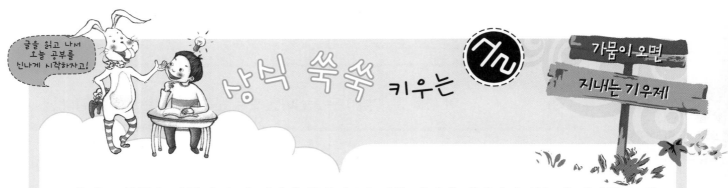

상식 쑥쑥 키우는

글을 읽고 나서 오늘 공부를 신나게 시작하자고!

가뭄이 오면 지내는 기우제

우리 조상들은 가뭄이 오면 어떻게 했을까요? 비를 내리게 해달라며 하늘에 제사를 드렸답니다. 이를 '기우제'라고 한답니다.

고려 시대에는 스님들이 비를 내려달라고 절에서 기우제를 드렸고, 조선 시대에는 음력 4월에서 7월 사이가 되면 나라에서 대신들을 제관으로 파견하여 기우제를 했답니다.

기우제의 절차는 제관들을 선출한 뒤, 소머리나 돼지머리·술·과일 등의 제사 음식을 차려서 정성스럽게 지냈답니다. 그러나 기우제 절차는 지방마다 달라서 형편에 맞는 독특한 방법으로 기우제를 지내기도 했답니다. 비가 계속 내리고 그치지 않을 때에는 '영제'라는 제사를 지냈답니다. 한편 눈이 내리지 않을 때에도 제사를 지냈는데, 이를 '기설제'라고 부른답니다.

머리 풀어 주는 퍼즐

창의사고력 기초 다지기) 정보처리능력 쑥~

오른쪽 문제를 계산해서 나온 숫자와 짝인 글자를 왼쪽에서 찾아 보세요. 어떤 낱말이 나올까요?

²¹ 콩	³⁰ 빵	²³ 꿀
⁹ 물	¹⁵ 쌀	¹⁴ 팥
²⁸ 쥐	¹¹ 소	¹⁹ 닭

$12+9=\boxed{}$

$23+5=\boxed{}$

$8+6=\boxed{}$

$14+14=\boxed{}$

빠르고 **정확**하게 **읽기**

속독 정독

도전시간

6 분 00 초

걸린시간

분 초

● 오늘의 읽기 자료입니다. 잘 읽고 문제를 풀어 보세요.

　초등학생들 사이에서 '○○데이'가 유행하고 있다. 밸런타인데이(2월 14일), 화이트데이(3월 14일), 빼빼로데이(11월 11일)는 이미 누구나 다 아는 기념일이다. 자장면을 먹는 블랙데이(4월 14일), 커플링을 선물하는 링데이(6월 14일)를 비롯해 티셔츠를 선물하는 티데이, 스티커 사진을 찍는 포토데이, 껌을 주는 껌데이까지 이름도 생소한 데이들이 넘쳐나고 있다.

　일부 학생들은 '○○데이'를 좋게 생각한다. 좋아하는 상대에게 자연스럽게 자기 마음을 표현할 수 있다는 것이 그 이유이다. 하지만 대부분의 학생들은 '○○데이'를 좋지 않게 생각한다. 달마다 선물을 준비한다는 것은 경제적으로 큰 부담이기 때문이다. 더군다나 용돈이 넉넉하지 않은 초등학생의 경우, 친구들에게 구걸을 하는 사례까지 있다. 실제로 반지 초등학교의 김초롱 학생은 "커플링을 사기 위해 반 친구들에게 천원씩 구걸을 한 친구도 있었다."고 말했다.

　'○○데이'의 선물로 이성 친구에게 마음을 전하는 것도 좋지만 초등학생에게 어울리지 않는 비싼 선물을 주고받는 것은 바람직하지 않다. 더군다나 대부분의 '○○데이'들은 기업들이 만든 이벤트이다. 기업이 자기 제품을 더 많이 팔기 위해 만든 날인 것이다. 따라서 무작정 '○○데이'를 따라할 것이 아니라 그 유래와 의미를 살펴서 선물을 하는 지혜가 필요하다.

①
핵심어
찾기

다음은 위 글과 관련된 낱말들입니다. 가장 넓은 뜻을 지닌 단어를 찾아 ✔하세요. 표시한 낱말이 위 글에서 가장 중요한 핵심어입니다.

문제 개수 1 개

맞은 개수 개

틀린 개수 개

☐ 밸런타인데이　　☐ ○○데이　　☐ 링데이

46

♥ 다음 보기 를 이용해서 ❷～❸번 문제를 풀어 보세요.

보기　① 좋게 생각한다.　　　　　　　　　② 유래와 의미
　　　③ 선물을 사기 위해 용돈을 너무 많이 쓰게 된다.
　　　④ 기업이 더 많은 물건을 팔기 위해 만든 이벤트

❷ 글의 짜임 그리기

다음은 위 글의 내용을 한눈에 볼 수 있도록 정리한 표입니다. 빈칸에 보기 의 ①～④를 알맞게 넣어 표를 완성해 보세요.

문제 개수 **3** 개

맞은 개수 　 개

틀린 개수 　 개

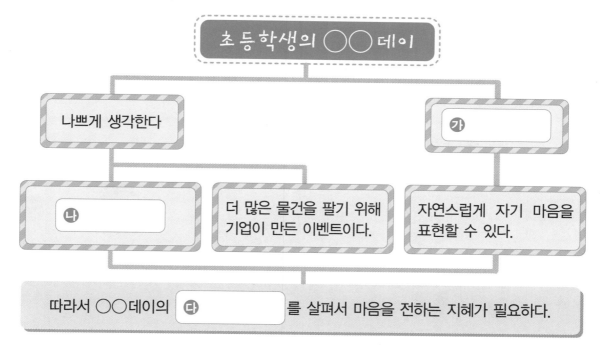

초등학생의 ○○데이

나쁘게 생각한다 ── 가

나 ── 더 많은 물건을 팔기 위해 기업이 만든 이벤트이다. ── 자연스럽게 자기 마음을 표현할 수 있다.

따라서 ○○데이의 다 　 를 살펴서 마음을 전하는 지혜가 필요하다.

❸ 요약 하기

다음은 위 글의 중심 내용을 요약한 것입니다. 빈칸에 보기 의 ①～④를 알맞게 넣어 요약 글을 완성해 보세요.

문제 개수 **1** 개

맞은 개수 　 개

틀린 개수 　 개

　　초등학생 사이에서 '○○데이'가 유행이다. 일부 초등학생들은 자연스럽게 자기 마음을 표현할 수 있다며 ○○데이를 좋게 생각한다. 하지만 대부분의 학생들은 ○○데이에 대해 나쁘게 생각한다. 선물을 사기 위해 용돈을 너무 많이 쓰기 때문이다. 게다가 ○○데이는 가 　 이다. 따라서 ○○데이의 유래와 의미를 살펴서 마음을 전하는 지혜가 필요하다.

47

다음은 위 글의 제목 후보입니다. 먼저, 위 글의 제목으로 가장 알맞은 것을 골라 빈칸에 ○를 하세요. 그런 다음, 주어진 조건에 맞게 ×, △, □를 표시하세요. (단, ○는 딱 한 개만 고르세요.)

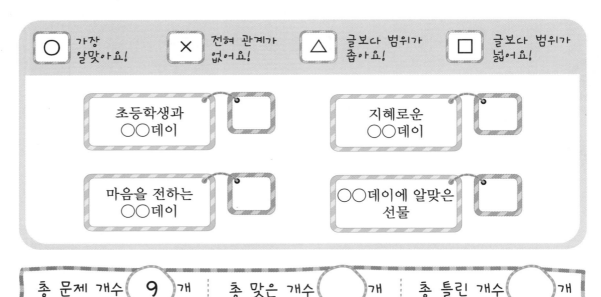

| ○ 가장 알맞아요! | × 전혀 관계가 없어요! | △ 글보다 범위가 좁아요! | □ 글보다 범위가 넓어요! |

초등학생과 ○○데이

지혜로운 ○○데이

마음을 전하는 ○○데이

○○데이에 알맞은 선물

총 문제 개수 ⑨ 개 ┊ 총 맞은 개수 ◯ 개 ┊ 총 틀린 개수 ◯ 개

좋은 습관 다지는 72

일본식 식사 예절

일본 사람들도 밥과 국을 먹습니다. 밥 위에 요리가 얹어서 나오는 덮밥과 일본식 된장국인 미소국이 일반적이랍니다. 밥은 왼쪽에 국은 오른쪽에 놓는답니다. 우리나라의 상차림과 비슷하지만 먹는 법은 전혀 다르답니다. 국을 먹을 때는 반드시 그릇을 들고 먹어야 한답니다. 국그릇을 들고 한 모금 마신 뒤, 건더기를 한 젓가락 건져 먹고 상 위에 놓습니다. 이런 식으로 먹을 때마다 그릇을 들고 마셔야 하는데 절대로 밥그릇에 국물을 부어 먹어서는 안 된답니다.

일본 사람들이 즐기는 생선회도 우리나라와 먹는 법이 다르답니다. 우리나라는 처음부터 간장에 겨자를 풀어서 생선회를 찍어 먹지만 일본 식사 예절로는 잘못된 방법이랍니다. 생선의 맛과 겨자의 향을 함께 즐기기 위해 생선회 위에 겨자를 조금 얹은 뒤 간장에 찍어 먹는답니다. 우리나라 방법대로 먹으면 겨자 향이 날아가 버리기 때문이랍니다.

비슷하지만 다른 일본식 식사 예절. 음식 맛을 제대로 즐기려는 일본 사람들의 지혜랍니다.

글을 읽고 나서 오늘 공부를 신나게 시작하자고!

48

머리 풀어 주는 퍼즐

창의사고력 기초 다지기   계산능력 쑥~

같이 있는 수들의 합이 10이 되도록 선을 그어 전체를 세 부분으로 나누어 보세요.

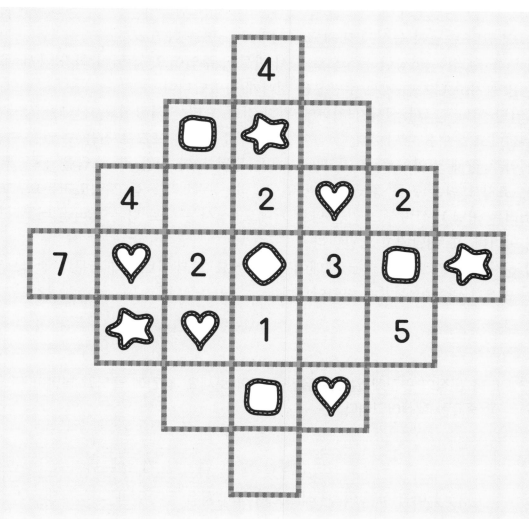

● 오늘의 읽기 자료입니다. 잘 읽고 문제를 풀어 보세요.

감자로 만든 과자, 포테이토칩. 그 바삭바삭한 맛 뒤에는 괴짜 주방장의 심술이 숨어 있어요.

1935년, 미국 뉴욕에 '호반의 달'이라는 레스토랑이 있었어요. 그 식당은 괴짜 주방장 조지 크럼 때문에 유명했어요. 가끔 손님들에게 심술을 부렸거든요. 어떤 심술이냐고요? 만약 손님이 음식에 대해 조금이라도 불평을 하면 도저히 먹을 수 없는 이상한 음식으로 다시 만들어 주었어요. 손님이 화가 나서 레스토랑 문을 박차고 나가면 괴짜 주방장은 신나게 웃었답니다.

그러던 어느 날, 한 신사가 기름에 튀긴 감자 요리를 시켰어요. 신사는 감자가 너무 두껍다고 불평을 했답니다. 심술이 난 괴짜 주방장은 포크로 집을 수 없을 만큼 감자를 아주 얇게 썰었어요. 그리고는 기름을 듬뿍 부어 튀긴 뒤, 소금을 잔뜩 뿌렸답니다. 조지 크럼은 귀를 쫑긋 세웠어요. 꽝 하는 문소리를 듣고 싶었거든요. 그런데 꽝 소리는 커녕 바삭바삭 소리만 나는 거예요. 신사는 새로 나온 요리를 너무나도 맛있게 먹더니, 또 해달라고 했답니다.

이 신사가 먹은 요리가 바로 포테이토칩이에요. 포테이토칩의 소문은 전국으로 퍼졌고, 많은 사람들이 즐기게 되었답니다.

❶ 핵심어 찾기

다음 문장의 빈칸에 알맞은 낱말을 적어 보세요. 빈칸에 들어갈 낱말이 위 글에서 가장 중요한 핵심어입니다.

문제 개수 1 개

맞은 개수 ◯ 개

틀린 개수 ◯ 개

◻◻◻◻◻◻ 은 감자를 얇게 썰어서 기름에 튀겨 만든 음식으로, 1935년 미국 뉴욕의 한 레스토랑에서 처음 등장했다.

♥ 다음 보기를 이용해서 ❷~❸번 문제를 풀어 보세요.

보기
① 포테이토칩
② 1935년 미국 뉴욕의 한 레스토랑
③ 새로 나온 요리
④ 감자를 아주 얇게 썬 뒤 기름에 튀겨서

❷ 글의 짜임 그리기

다음은 위 글의 내용을 한눈에 볼 수 있도록 정리한 표입니다. 빈칸에 보기의 ①~④를 알맞게 넣어 표를 완성해 보세요.

문제 개수 3 개

맞은 개수 ⬜ 개

틀린 개수 ⬜ 개

㉮ 은 괴짜 주방장으로 유명했다. 손님이 음식에 대해 불평을 하면, 그는 도저히 먹을 수 없는 이상한 음식을 다시 만들어 주었다.	⟹	어느 날, 한 신사가 감자가 너무 두껍다며 불평을 했다. 그러자 괴짜 주방장은 감자를 아주 얇게 썬 뒤 기름에 튀겨서 다시 음식을 만들었다.

주방장이 다시 만든 음식이 바로 ㉰ 이다. 그 뒤 포테이토칩의 소문은 전국으로 퍼져 많은 사람이 즐기게 되었다.	⟸	주방장은 신사가 화를 내길 기대했지만, 그는 오히려 ㉯ 가 맛있다며 더 주문을 했다.

❸ 요약하기

다음은 위 글의 중심 내용을 요약한 것입니다. 빈칸에 보기의 ①~④를 알맞게 넣어 요약 글을 완성해 보세요.

문제 개수 1 개

맞은 개수 ⬜ 개

틀린 개수 ⬜ 개

1935년 미국 뉴욕의 한 레스토랑은 괴짜 주방장으로 유명했다. 손님이 음식에 대해 불평을 하면, 그는 도저히 먹을 수 없는 이상한 음식을 다시 만들어 주었다. 어느 날, 한 신사가 감자가 너무 두껍다며 불평을 하자 괴짜 주방장은 ㉮ 음식을 다시 만들었다. 신사는 다시 나온 음식이 너무 맛있다며 더 주문을 했다. 이 날 괴짜 주방장이 손님을 골탕 먹이려고 만든 음식이 바로 포테이토칩이다. 그 뒤 포테이토칩의 소문은 전국으로 퍼졌고 많은 사람이 즐기게 되었다.

④ 제목 달기

문제 개수 **4** 개

맞은 개수 ___ 개

틀린 개수 ___ 개

다음은 위 글의 제목 후보입니다. 먼저, 위 글의 제목으로 가장 알맞은 것을 골라 빈칸에 ○를 하세요. 그런 다음, 주어진 조건에 맞게 ×, △, □를 표시하세요. (단, ○는 딱 한 개만 고르세요.)

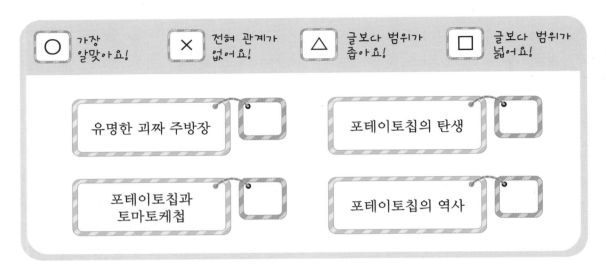

○ 가장 알맞아요!　×전혀 관계가 없어요!　△글보다 범위가 좁아요!　□글보다 범위가 넓어요!

유명한 괴짜 주방장	
포테이토칩의 탄생	
포테이토칩과 토마토케첩	
포테이토칩의 역사	

총 문제 개수 **9** 개 ┊ 총 맞은 개수 ◯ 개 ┊ 총 틀린 개수 ◯ 개

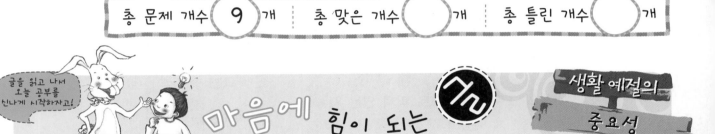

글을 읽고 나서 오늘 공부를 신나게 시작하자고!

마음에 힘이 되는 **명언**

생활 예절의 중요성

　동혁이는 인사 잘하기로 소문이 났어요. 수위실 앞을 지날 때면 항상 수위아저씨에게 인사를 해요. 엘리베이터에서 어른을 만나도 '안녕하세요.' 하며 인사를 하거든요. 동혁이는 친구들에게도 인사를 잘해요. 길에서 친구를 만나면 항상 반갑게 인사를 해요. 심지어 학원에서 알게 된 형이나 누나에게도 한답니다.

　동혁이처럼 인사를 잘하는 것을 예절이 바르다고 한답니다. 예절은 우리 생활 곳곳에 필요해요. 손님이 오면, 얼른 나아가 인사를 해야 해요. 밥을 먹을 때에도 예절이 필요해요. 밥을 다 먹고 나서 '엄마 고마워요.' 하고 인사를 해야 하거든요. 축구를 하다 친구의 발을 살짝 밟았을 때 '미안해.' 하고 말하는 것도 예절이에요.

　우리가 생활 예절을 지켜나간다면 모든 사람들이 다투지 않고 사이좋게 지낼 수 있을 거예요. 여러분도 어른에게 인사를 하고, 가족과 친구에게 고마움과 미안한 마음을 잘 전해 보세요.

52

머리 풀어 주는 퍼즐

도전 시간	걸린 시간
00 분 15 초	분 초

창의사고력 기초 다지기 주의집중력 쑥~

다음에 이어질 그림은 무엇일까요?

❶　❷　❸

번

빠르고 **정확**하게 **읽기**

● 오늘의 읽기 자료입니다. 잘 읽고 문제를 풀어 보세요.

안녕하세요? 바삭바삭 요리 시간이에요.

오늘은 여러분이 좋아하는 과자를 만들 거예요. 초콜릿이 듬뿍 들어간 '초콜릿 범벅'이에요. 잠깐! 오븐 걱정은 마세요. 오븐 없이 만드는 과자랍니다.

'초콜릿 범벅'은 재료도 구하기 쉬워요. 가게에서 흔히 보는 밀크 초콜릿 210g, 먹다 남은 콘플레이크 한 주먹이면 돼요. 그리고 철망으로 된 평평한 그릇, 알뜰 주걱도 준비하세요.

이제 본격적으로 만들어 볼까요? 먼저 초콜릿을 잘게 부셔서 냄비나 프라이팬에 담아 놓으세요. 그리고 부순 초콜릿을 중불에 올린 뒤 주걱으로 서서히 저어 가며 녹이세요. 이때 꼭 중불을 유지하세요. 초콜릿이 타 버리거나 졸아들면 안 되거든요.

초콜릿이 다 녹으면 콘플레이크를 넣고 주걱으로 살살 섞어 주세요. 그런 다음 버무려진 초콜릿이랑 콘플레이크를 철망에 먹기 좋은 크기로 떼어 놓으면 돼요.

조금 끈적거려서 모양을 내긴 힘들겠지만 꼭 예쁘지 않아도 되니까 괜찮아요. 오히려 울퉁불퉁한 게 더 맛나 보인답니다. 다 떼어 놓았으면 철망을 통째로 냉동실에 넣으세요. 그리고 한 시간 뒤 꺼내면 '초콜릿 범벅'이 완성되었답니다.

①
핵심어 찾기

문제 개수 **7** 개

맞은 개수 ◯ 개

틀린 개수 ◯ 개

다음 낱말들 중에 위 글에 나온 낱말이 있으면 빈칸에 동그라미 하세요. 동그라미 한 낱말들이 위 글의 주제와 관련된 핵심어입니다.

콘플레이크	한과	초콜릿	과자	요리	올리브유	사탕

♥ 다음 보기를 이용해서 ❷~❸번 문제를 풀어 보세요.

보기
① 콘플레이크를 넣고
② 밀크 초콜릿, 콘플레이크
③ 1시간 뒤 꺼내면
④ 철망을 통째로 냉동실에 넣기
⑤ 중불에 올려
⑥ 냄비나 프라이팬에 담기

❷
글의 짜임
그리기

다음은 위 글의 내용을 한눈에 볼 수 있도록 정리한 표입니다. 빈칸에 보기의 ①~⑥을 알맞게 넣어 표를 완성해 보세요.

문제 개수 4 개

맞은 개수 ⬭ 개

틀린 개수 ⬭ 개

㉮ ⬭ , 평평한 철망, 알뜰 주걱을 준비하기 ➡

초콜릿을 잘게 부셔서 ㉯ ⬭ ➡ 부순 초콜릿을

㉰ ⬭ 주걱으로 저어 가며 서서히 녹이기 ➡

다 녹은 초콜릿에 콘플레이크 넣고 주걱으로 섞기 ➡ 섞어진 초콜릿과 콘플레이크를 먹기 좋은 크기로 철망에 놓기 ➡ ㉱ ⬭ ➡

1시간 뒤 꺼내기 ➡ '초콜릿 범벅' 과자 먹기

❸
요약
하기

다음은 위 글의 중심 내용을 요약한 것입니다. 빈칸에 보기의 ①~⑥을 알맞게 넣어 요약 글을 완성해 보세요.

문제 개수 2 개

맞은 개수 ⬭ 개

틀린 개수 ⬭ 개

　　'초콜릿 범벅' 과자를 만들기 위해 밀크 초콜릿, 콘플레이크, 평평한 철망, 알뜰 주걱을 준비한다. 초콜릿을 잘게 부셔서 냄비나 프라이팬에 담은 뒤, 중불에 올려 주걱으로 저어 가며 서서히 녹인다. 다 녹은 초콜릿에 ㉮ ⬭ 주걱으로 섞는다. 그리고는 먹기 좋은 크기로 철망에 놓는다. 마지막으로 철망을 통째로 냉동실에 넣은 뒤, ㉯ ⬭ '초콜릿 범벅'이 완성된다.

④ 제목 달기

다음은 위 글에 가장 어울리는 제목을 찾는 과정입니다. 서로 관계 있는 것끼리 줄로 이으세요.

초콜릿과 건강 ★   ★ 이 글의 제목으로 딱 좋아!

초콜릿 중탕하는 법 ★   ★ 범위가 너무 좁아!

초콜릿 범벅 만들기 ★   ★ 이 글과 상관없는 제목이야!

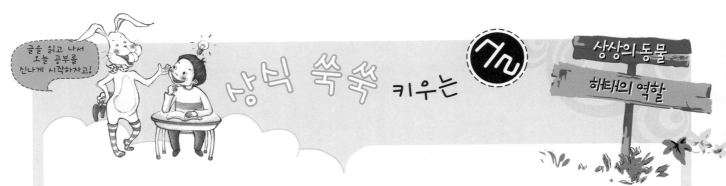

상식 쑥쑥 키우는

상상의 동물

해태의 역할

글을 읽고 나서 오늘 공부를 신나게 시작하자고!

광화문 앞에는 동물 두 마리가 떡 버티고 있습니다. 아마도 경복궁을 지키는 듯 보입니다. 얼핏 보면 사자 같기도 한 이 동물의 이름은 '해태'입니다.

해태는 상상의 동물로, 소처럼 생긴 머리 한가운데에 뿔이 있으며, 몸은 말과 비슷하고 발에는 발톱이 나고, 온몸은 푸른빛의 비늘로 덮여 있답니다. 해치라고도 불리는데, 물에서 사는 동물이기 때문에 불을 막아 주는 동물로 여겼답니다. 그래서 부엌처럼 불을 다스리는 곳에 붙여 두었답니다. 또한 사람들은 해태가 옳고 그름을 판단할 수 있다고도 생각했어요. 공정한 마음을 지녀야하는 관리나 사법관의 수호신으로 삼기도 했는데, 이런 이유로 우리나라 국회의사당 정문에는 해태 한 쌍이 서 있답니다.

도전 시간
00 분 **40** 초

걸린 시간
분 초

창의사고력 기초 다지기 연상추리력 쑥~

? 에 이어질 수는 무엇일까요?

① 2880 2890 2900 2910 **?**

② 157 164 171 178 185 **?**

③ 25 31 37 43 49 **?**

① ② ③

57

● 오늘의 읽기 자료입니다. 잘 읽고 문제를 풀어 보세요.

'크레이지 메이커' 라는 말을 들어 봤나요?

회사 주인과 그 가족들은 절대 먹지 않을 음식을 만들어서 파는 회사를 말해요. 우리말 뜻 그대로 '미친 회사' 이지요. 외국의 유명한 아이스크림 회사도 '크레이지 메이커' 라는 비난을 받고 있다고 합니다. 그것도 회장 아들로부터 말이에요. 자신이 물려받을 회사에 비난을 서슴지 않는 이는 '존 로빈스' 랍니다.

그는 어릴 적부터 아이스크림과 함께 자랐어요. 아버지 어브 로빈스와 삼촌 버트 배스킨이 만든 아이스크림 회사가 큰 성공을 거두었거든요. 마당의 수영장도 아이스크림 모양이었고, 고양이 이름도 아이스크림 이름을 따서 지었지요. 존의 꿈은 새로운 맛의 아이스크림을 개발하는 것이었지요.

하지만 삼촌의 급작스런 죽음과 함께 그 꿈도 사라져 버렸어요. 아이스크림 회사를 물려받는 대신 환경 운동가의 길을 택했거든요. 늘 아이스크림을 즐겨 먹던 삼촌이 죽자, 존은 삼촌이 죽은 이유가 바로 아이스크림 때문이라 생각했어요. 그리고는 10년 동안 컬럼비아의 한 섬에 들어가 지냈답니다. 오늘날 그는 아이스크림이 건강에 나쁜 영향을 주는 것을 알리는 동시에, 아버지 회사의 아이스크림을 먹지 말라는 운동을 벌이고 있답니다.

❶ 핵심어 찾기

다음 문장의 빈칸에 알맞은 낱말을 적어 보세요. 빈칸에 들어갈 낱말이 위 글에서 가장 중요한 핵심어입니다.

문제 개수 1 개

맞은 개수 ⬡ 개

틀린 개수 ⬡ 개

　　　　　　　　　란 회사의 주인과 그 가족들은 절대 먹지 않을 음식을 만들어서 파는 회사를 뜻하는 말로, 우리말로 그대로 풀이를 하면 '미친 회사' 이다.

♥ 다음 보기를 이용해서 ❷~❸번 문제를 풀어 보세요.

보기
① 새로운 맛의 아이스크림
② 아이스크림 회사의 회장 아들
③ 환경 운동가
④ 아이스크림이 건강에 나쁜 영향
⑤ 크레이지 메이커라고 비난하며
⑥ 아이스크림이 죽음의 원인

❷
글의 짜임
그리기

다음은 위 글의 내용을 한눈에 볼 수 있도록 정리한 표입니다. 빈칸에 보기의 ①~⑥을 알맞게 넣어 표를 완성해 보세요.

문제 개수 4 개

맞은
개수 ⬚ 개

틀린
개수 ⬚ 개

존 로빈스는 유명한 ㉮ 이다. 그의 어릴 적 꿈은 새로운 맛의 아이스크림을 개발하는 것이었다.

➡️

어느 날 회사를 운영하던 삼촌이 갑작스럽게 죽자, 그는 ㉯ 이라고 생각했다.

⬇️

오늘날 그는 아버지의 회사를 ㉰ , 아이스크림이 건강에 나쁜 영향을 준다는 사실을 사람들에게 알리고 있다.

⬅️

결국, 그는 10년 동안 컬럼비아에 있는 한 섬에서 지내었다. 그리고는 ㉱ 가 되어 다시 돌아왔다.

❸
요약
하기

다음은 위 글의 중심 내용을 요약한 것입니다. 빈칸에 보기의 ①~⑥을 알맞게 넣어 요약 글을 완성해 보세요.

문제 개수 2 개

맞은
개수 ⬚ 개

틀린
개수 ⬚ 개

존 로빈스는 유명한 아이스크림 회사의 회장 아들이다. 그의 어릴 적 꿈은 ㉮ 을 개발하는 것이었다. 하지만 삼촌의 급작스런 죽음과 함께 그의 꿈은 사라지고 만다. 그는 삼촌이 죽은 이유가 아이스크림 때문이라고 생각했다. 10년 동안 컬럼비아의 한 섬에서 지냈던 그는 환경 운동가가 되어 다시 돌아왔다. 오늘날 그는 아버지의 회사를 크레이지 메이커로 비난하며, ㉯ 을 미치고 있음을 사람들에게 알리고 있다.

④ 제목 달기

다음은 위 글의 제목 후보입니다. 먼저, 위 글의 제목으로 가장 알맞은 것을 골라 빈칸에 ○를 하세요. 그런 다음, 주어진 조건에 맞게 ×, △, □를 표시하세요. (단, ○는 딱한 개만 고르세요.)

문제 개수 4 개

맞은 개수 ◯ 개

틀린 개수 ◯ 개

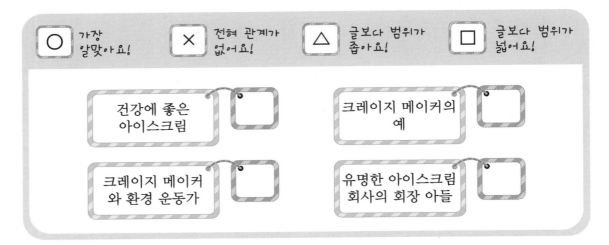

○ 가장 알맞아요!   × 전혀 관계가 없어요!   △ 글보다 범위가 좁아요!   □ 글보다 범위가 넓어요!

건강에 좋은 아이스크림 ☐

크레이지 메이커의 예 ☐

크레이지 메이커와 환경 운동가 ☐

유명한 아이스크림 회사의 회장 아들 ☐

총 문제 개수 11 개   총 맞은 개수 ◯ 개   총 틀린 개수 ◯ 개

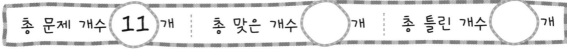

좋은 습관 다지는 72

글을 읽고 나서 오늘 공부를 신나게 시작하자고!

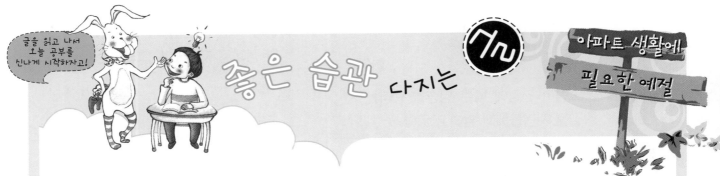

아파트 생활에 필요한 예절

우리나라 인구 중 절반 이상이 아파트에서 살고 있답니다. 하지만 정작 아파트 생활에 필요한 예절을 알고 있는 사람은 그리 많지 않답니다.

아파트 생활에서 가장 필요한 예절은 소음을 줄이는 예절입니다. 아무리 집 안이더라도 뛰지 않고, 텔레비전·오디오·컴퓨터 게임 소리를 너무 크게 하지 않고, 방문과 현관문 등은 조용히 여닫습니다. 특히, 밤늦은 시간에는 악기를 연주하지 않습니다. 복도식 아파트의 경우, 복도에서 떠들거나 뛰어놀아서는 안 된답니다.

안전을 위한 예절도 중요합니다. 엘리베이터 안에서 뛰지 말고, 지하 주차장 등에서는 인라인이나 자전거를 타서는 안 된답니다.

이웃에 대한 예절도 지켜야 해요. 이웃에 사는 어른들을 만나면 인사 하고, 짐을 들거나 나이가 많은 분이 먼저 엘리베이터를 타고 내리도록 양보합니다.

13회

머리 풀어 주는 퍼즐

공부를 시작할 때도
준비운동이 필요하다고!
하나둘 하나둘

도전 시간	걸린 시간
00 분 30 초	분 초

창의사고력 기초 다지기   판단능력 쑥~

? 에 이어질 그림에서 ◯ 는 몇 개가 있어야 할까요?

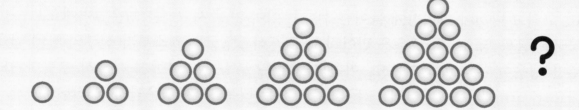

개

61

도전시간

| 5 분 | 40 초 |

걸린시간

| 분 | 초 |

● 오늘의 읽기 자료입니다. 잘 읽고 문제를 풀어 보세요.

결혼식은 어른이 된 남자와 여자가 부부가 됨을 많은 사람들에게 알리는 예식이에요. 사람들은 결혼을 축하하며, 두 사람에게 행운이 깃들기를 바란답니다. 그런데, 나라마다 행운을 기원하는 방법이 다르답니다.

우리나라는 기러기와 밤·대추로 행운을 빌어요. 기러기처럼 오랫동안 사이좋게 지내라는 뜻으로 폐백 상에 기러기를 올려놓는답니다. 건강한 아이들을 많이 낳으라며 신부의 치마폭에 대추와 밤을 던지기도 해요. 잘못 던지면, 신부 머리에 혹이 날 수도 있겠네요.

독일은 접시로 행운을 빌어요. 결혼식 전날 열리는 '포터 이벤트'에 낡은 접시를 꼭 가져가야 해요. 행운이 깃들라는 의미로 신혼부부의 집 앞에서 접시를 깨뜨려야 하거든요. 그리고 나서야 파티장에 들어간답니다. 아마 가장 시끄러운 행운일거예요.

영국은 굴뚝 청소부가 행운을 빌어줘요. 결혼식 날, 굴뚝 청소부가 신부의 뺨에 입을 맞추면 행운이 온다고 믿거든요. 어떤 사람들은 굴뚝 청소부에게 특별히 부탁하기도 했대요. 수고비를 주고 말이에요. 돈을 주고 사는 행운. 진짜 행운인지 궁금하네요.

나라마다 행운을 비는 풍습은 다르지만, 신혼부부가 행복하게 살기를 바라는 마음은 모두 똑같답니다.

❶ 핵심어 찾기

다음 낱말들 중에 위 글에 나온 낱말이 있으면 빈칸에 동그라미 하세요. 동그라미 한 낱말들이 위 글의 주제와 관련된 핵심어입니다.

문제 개수 **7** 개

맞은 개수 ◯ 개

틀린 개수 ◯ 개

| 행운 | 닭 | 굴뚝 청소부 | 결혼식 | 피로연 | 접시 | 기러기 |

♥ 다음 보기를 이용해서 ❷~❸번 문제를 풀어 보세요.

보기
① 영국
② 밤ㆍ대추를 신부 치마폭에 던진다.
③ 행운을 비는 풍습
④ 신혼부부가 행복하게 살기를 바라는 마음
⑤ 굴뚝 청소부가 입을 맞추면
⑥ 낡은 접시를 깨뜨린다.

❷
글의 짜임
그리기

다음은 위 글의 내용을 한눈에 볼 수 있도록 정리한 표입니다. 빈칸에 보기의 ①~⑥을 알맞게 넣어 표를 완성해 보세요.

문제 개수 4 개

맞은 개수 ( ) 개

틀린 개수 ( ) 개

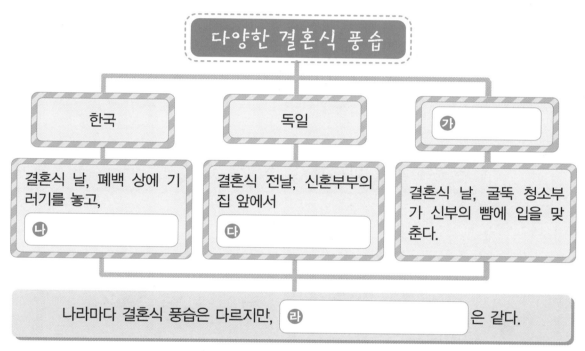

다양한 결혼식 풍습

한국	독일	가
결혼식 날, 폐백 상에 기러기를 놓고, 나	결혼식 전날, 신혼부부의 집 앞에서 다	결혼식 날, 굴뚝 청소부가 신부의 뺨에 입을 맞춘다.

나라마다 결혼식 풍습은 다르지만, 라 _____ 은 같다.

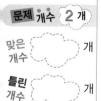
❸
요약
하기

다음은 위 글의 중심 내용을 요약한 것입니다. 빈칸에 보기의 ①~⑥을 알맞게 넣어 요약 글을 완성해 보세요.

문제 개수 2 개

맞은 개수 ( ) 개

틀린 개수 ( ) 개

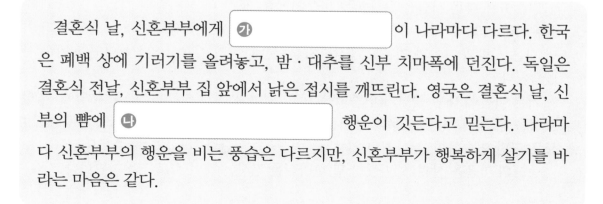

결혼식 날, 신혼부부에게 가 _____ 이 나라마다 다르다. 한국은 폐백 상에 기러기를 올려놓고, 밤ㆍ대추를 신부 치마폭에 던진다. 독일은 결혼식 전날, 신혼부부 집 앞에서 낡은 접시를 깨뜨린다. 영국은 결혼식 날, 신부의 뺨에 나 _____ 행운이 깃든다고 믿는다. 나라마다 신혼부부의 행운을 비는 풍습은 다르지만, 신혼부부가 행복하게 살기를 바라는 마음은 같다.

다음은 위 글의 제목 후보입니다. 먼저, 위 글의 제목으로 가장 알맞은 것을 골라 빈칸에 ○를 하세요. 그런 다음, 주어진 조건에 맞게 ×, △, □를 표시하세요. (단, ○는 딱 한 개만 고르세요.)

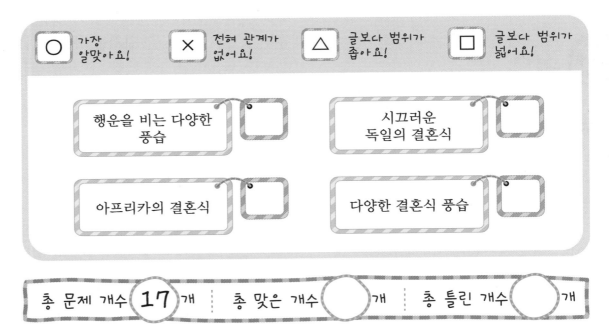

○ 가장 알맞아요!　　× 전혀 관계가 없어요!　　△ 글보다 범위가 좁아요!　　□ 글보다 범위가 넓어요!

| 행운을 비는 다양한 풍습 | | 시끄러운 독일의 결혼식 | |
| 아프리카의 결혼식 | | 다양한 결혼식 풍습 | |

총 문제 개수 17 개 　|　 총 맞은 개수 ◯ 개 　|　 총 틀린 개수 ◯ 개

글을 읽고 나서 오늘 공부를 신나게 시작하자고!

마음에 힘이 되는 글

겸손의 중요성

　겸손이란 다른 사람을 존중하는 마음이에요. 또한 다른 사람의 기분을 먼저 배려하는 것도 겸손이라고 할 수 있답니다. 요즘엔 누구나 뽐내는 것을 첫째로 여기는 세상이 되었어요. 하지만 다른 사람의 마음과 기분도 생각하지 않은 채, 자기 자랑만 일삼는다면 교만한 사람이 되고 만답니다.

　기쁜 마음에 내민 줄넘기 인증서를 보고, 엄마가 내게 칭찬을 해 줄 때 옆에 서 있던 동생의 표정을 본 적이 있나요? 무척 부러운 눈으로 바라보고 있을 거예요. 그런 동생에게 다가가 "너도 조금만 연습하면, 누나처럼 인증서를 받을 수 있단다."라고 말해 주세요.

　동생의 마음을 살피고, 따뜻한 말 한마디를 전하는 것이 바로 겸손이랍니다.

14 회

머리 풀어 주는 퍼즐

창의사고력 기초 다지기

다음에 이어질 그림은 무엇일까요?

5 7 9 11 10 12 14 16 15 17 19 21 20 22 24 26

❶ 30 32 34 36

❷ 27 29 31 33

❸ 25 27 29 31

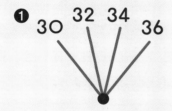

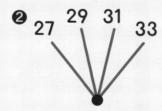

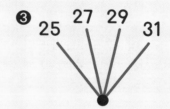

번

도전시간

| 5 분 | 20 초 |

걸린시간

| 분 | 초 |

● 오늘의 읽기 자료입니다. 잘 읽고 문제를 풀어 보세요.

지난 일요일, 엄마와 청계천에 다녀왔다. 지하철역을 나오자, 꽹과리와 장구 소리가 들리고 울긋불긋한 깃발도 보였다. 엄마는 "어? 만장이잖아. 상여* 놀이를 하나보네."하며, 아줌마 풍물단 상쇠*답게 자세히 설명해 주셨다. 옛날엔 가족이 죽으면 마을 사람들과 함께 집에서 초상을 치렀다고 했다. 마지막 날에는 가족들과 마을 사람들이 밤새도록 춤도 추고 노래도 하며 노는 상여 놀이를 했단다. 날이 밝으면 상여가 무덤으로 떠나는데, 이때 상여의 뒤를 따라 가는 깃발이 바로 만장이라고 했다.

나는 너무나 이상했다. 사람이 죽었는데, 어떻게 신나게 노래를 하고 춤을 출 수 있는지 말이다. 엄마는 "옛날에는 죽음은 끝이 아니라 원래 있던 곳으로 되돌아가는 거라고 생각했거든."하고 말해 주셨다. 어른들이 죽으면 왜 '돌아가셨다' 고 말하는지 이해가 되었다.

내가 죽은 사람이라면, 엄숙한 장례식장보다 신나는 상여 놀이가 더 좋을 것 같았다. 떠나기 전에, 마지막으로 가족들이 웃는 모습을 보면 더 기쁠 테니까 말이다. 옛날 사람들이 훨씬 지혜롭다는 생각이 들었다.

* **상여** : 주검을 태워 무덤까지 옮기는 가마처럼 생긴 도구.
* **상쇠** : 풍물놀이를 할 때, 꽹과리를 치며 전체를 지휘하는 사람.

❶ 핵심어 찾기

다음 문장의 빈칸에 알맞은 낱말을 적어 보세요. 빈칸에 들어갈 낱말이 위 글에서 가장 중요한 핵심어입니다.

문제 개수 1 개

맞은 개수 ◯ 개

틀린 개수 ◯ 개

◻◻◻◻◻◻◻ 란 상여가 나가기 전날, 마을 사람들이 밤새도록 춤을 추고 노래를 부르며 노는 놀이를 말합니다.

♥ 다음 보기를 이용해서 ❷~❸번 문제를 풀어 보세요.

보기
① 상여가 무덤으로 떠나고　　② 마을 사람들과 함께 집에서

③ 그 뒤를 만장이 따라간다.　　④ 밤새도록 춤도 추고 노래도 하며 노는

⑤ 죽음은 끝이 아니라 원래 있던 곳으로 되돌아가는 것

❷
글의 짜임
그리기

문제 개수 4 개

맞은 개수 　 개

틀린 개수 　 개

다음은 위 글의 내용을 한눈에 볼 수 있도록 정리한 표입니다. 빈칸에 보기의 ①~⑤를 알맞게 넣어 표를 완성해 보세요.

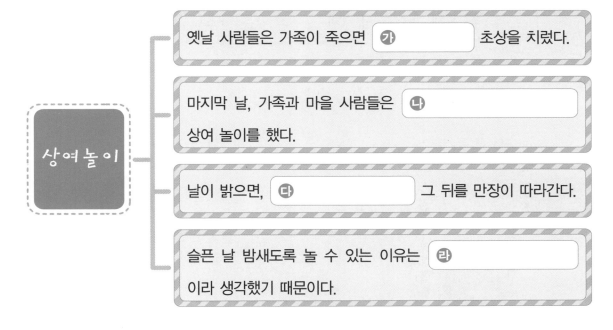

상여놀이

옛날 사람들은 가족이 죽으면 ㉮ _____ 초상을 치렀다.

마지막 날, 가족과 마을 사람들은 ㉯ _____ 상여 놀이를 했다.

날이 밝으면, ㉰ _____ 그 뒤를 만장이 따라간다.

슬픈 날 밤새도록 놀 수 있는 이유는 ㉱ _____ 이라 생각했기 때문이다.

❸
요약
하기

문제 개수 1 개

맞은 개수 　 개

틀린 개수 　 개

다음은 위 글의 중심 내용을 요약한 것입니다. 빈칸에 보기의 ①~⑤를 알맞게 넣어 요약 글을 완성해 보세요.

　　옛날에는 가족이 죽으면 마을 사람들과 함께 집에서 초상을 치렀다. 마지막 날, 가족과 마을 사람들은 밤새도록 춤도 추고 노래도 하며 노는 상여 놀이를 했다. 상여 놀이를 하다 날이 밝으면, 상여가 무덤으로 떠나고 ㉮ _____ 슬픈 날 밤새도록 놀 수 있는 이유는 죽음이 끝이 아니라 원래 있던 곳으로 되돌아가는 것이라고 생각했기 때문이다.

④ 제목
달기

다음은 위 글에 가장 어울리는 제목을 찾는 과정입니다. 서로 관계 있는 것끼리 줄로 이으세요.

문제 개수 3 개

맞은
개수　　　개

틀린
개수　　　개

전통적인 장례 절차 ★　　　　★ 이 글의 제목으로 딱 좋아!

슬픔을 이겨내는 상여 놀이 ★　　　★ 범위가 너무 넓어!

어른이 되는 의식, 관례 ★　　　　★ 이 글과 상관없는 제목이야!

총 문제 개수 〔 9 〕개 ｜ 총 맞은 개수 〔 〕개 ｜ 총 틀린 개수 〔 〕개

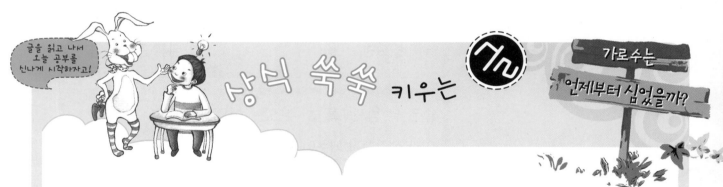

상식 쑥쑥 키우는 72

가로수는 언제부터 심었을까?

아스팔트 길가에 늘어선 가로수를 보면 삭막한 도시에서 자연을 느낄 수 있을 거예요. 뜨거운 햇볕도 가려 주고, 먼지도 빨아들이고, 공기도 맑게 해주는 가로수는 우리에게 무척 고마운 존재랍니다.

그런데 이 가로수가 아주 옛날부터 있었답니다. 고대 이집트의 상형 문자를 보면, 도로 위에 서 있는 나무를 그린 상형 문자가 있답니다. 또한 중국에서도 줄지어 선 나무라는 뜻의 '열수' 라는 말이 약 2,500년 전의 기록에 남아 있답니다.

우리나라에서도 아주 오래전부터 가로수를 심었습니다. 1779년 기록에 의하면, '왕실 무덤 주위의 나무를 베지 말라.' 는 내용이 남아 있고, 1895년에는 '도로 양쪽에 나무를 더 심으라고 명령했다.' 는 기록도 있답니다.

푸른 가로수를 보며 자연을 느꼈던 마음은 옛날이나 지금이나 마찬가지인가 봅니다.

15회

공부를 시작할 때도
준비운동이 필요하다고!
하나둘 하나둘

머리 풀어 주는 퍼즐

도전 시간	걸린 시간
00 분 50 초	분 초

창의사고력 기초 다지기   계산능력 쏙~

아랫칸과 윗칸에 있는 점을 더해서 13이 되도록 선을 이어 보세요.

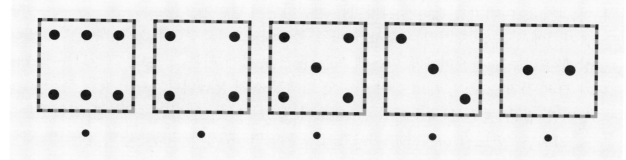

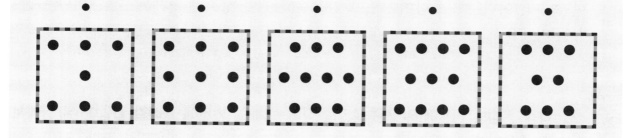

● 오늘의 읽기 자료입니다. 잘 읽고 아래 문제들을 풀어 보세요.

'국수, 책, 가위, 돈, 칼, 마이크, 마우스'

이 물건들에게는 공통점이 하나 있답니다. 모두 돌상에 오른다는 거예요. 음식도 아닌데 어떻게 돌상에 떡 자리를 잡고 있냐고요? 음식이 아니라고 얕보지 마세요. 돌날 중요한 역할을 하니까요.

아기가 첫 돌을 맞이하면 돌잔치를 해요. 수수팥떡, 백설기 등의 떡과 함께 여러 가지 과일과 전 등으로 돌상을 차려서 식구들과 함께 나누어 먹지요. 아기가 건강하게 자라기를 기원하면서 말이에요.

돌잔치에서 가장 재미있는 행사가 바로 돌잡이에요. 국수, 책, 가위, 돈, 칼 등을 돌상에 올려놓고 돌쟁이에게 마음에 드는 물건을 잡게 하는 거지요. 그리고는 돌쟁이가 잡은 물건을 보며, 재미 삼아 아이의 미래를 점쳐 본답니다.

아기가 잡은 물건이 국수이면 '오래오래 살겠구나.', 책이면 '공부를 잘하겠는데.', 가위면 '바느질 솜씨가 뛰어나겠어.', 돈이면 '부자가 되겠는데.', 칼이면 '음식을 맛있게 하겠는데.' 하고 생각하지요.

요즘에는 마이크와 마우스를 올려놓고 가수가 될지 프로게이머가 될지를 점치기도 한답니다. 여러분도 돌잡이에 올릴 새로운 물건을 생각해 보세요. 더 재미난 돌잡이가 될 거에요.

❶ 핵심어 찾기

다음 문장의 빈칸에 알맞은 낱말을 적어 보세요. 빈칸에 들어갈 낱말이 위 글에서 가장 중요한 핵심어입니다.

문제 개수 1 개

맞은 개수 ◯ 개

틀린 개수 ◯ 개

[   ] 란 첫돌 돌상에 국수·돈·실·책 등 여러 물건을 차리고 아무거나 고르게 한 후 재미 삼아 아이의 미래를 점쳐 보는 것을 말한다.

다음 〈보기〉를 이용해서 ❷～❸번 문제를 풀어 보세요.

보기 ① 아이가 고른 물건으로 장래를 점친다.   ② 첫 돌날 재미 삼아 하는 행사
③ 아이에게 아무거나 고르게 한다.   ④ 마이크와 마우스
⑤ 오래오래 건강하게 산다.   ⑥ 책

❷ 글의 짜임 그리기

문제 개수 4개

맞은 개수 ___개

틀린 개수 ___개

다음은 위 글의 내용을 한눈에 볼 수 있도록 정리한 표입니다. 빈칸에 보기의 ①～⑥을 알맞게 넣어 표를 완성해 보세요.

돌잡이			
무엇일까	㉮		
하는 방법	돌상에 여러 물건을 차린다. ➡ ㉯		
	➡ ㉰		
돌잡이에 쓰이는 물건과 의미	옛날	국수	아이가 오래오래 건강하게 산다.
		㉱	아이가 공부를 잘한다.
	오늘날	마이크	아이가 가수가 된다.
		마우스	아이가 프로게이머가 된다.

❸ 요약하기

문제 개수 2개

맞은 개수 ___개

틀린 개수 ___개

다음은 위 글의 중심 내용을 요약한 것입니다. 빈칸에 보기의 ①～⑥을 알맞게 넣어 요약 글을 완성해 보세요.

　　돌잡이는 첫 돌날 재미 삼아 하는 행사입니다. 우선, 돌상에 여러 가지 물건을 차립니다. 그리고 돌쟁이에게 아무거나 고르게 한 후, 재미 삼아 아이의 미래를 점쳐 보는 것을 말합니다. 옛날에는 돌잡이 물건으로 주로 ㉮ _____는 뜻의 국수, 공부를 잘한다는 의미의 책 등을 놓았습니다. 요즘에는 ㉯ _____ 등을 준비해서 가수가 될지 프로게이머가 될지를 점치기도 합니다.

다음은 위 글의 제목 후보입니다. 먼저, 위 글의 제목으로 가장 알맞은 것을 골라 빈칸에 ○를 하세요. 그런 다음, 주어진 조건에 맞게 ×, △, □를 표시하세요. (단, ○는 딱 한 개만 고르세요.)

문제 개수 4 개

맞은
개수 ⌒ 개

틀린
개수 ⌒ 개

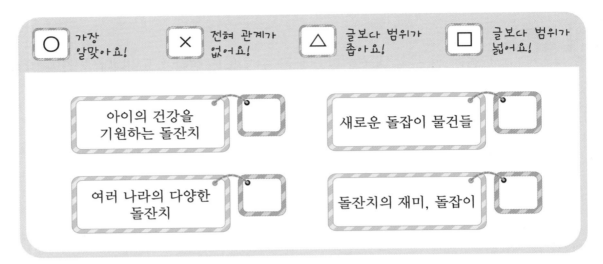

○ 가장 알맞아요!   × 전혀 관계가 없어요!   △ 글보다 범위가 좁아요!   □ 글보다 범위가 넓어요!

| 아이의 건강을 기원하는 돌잔치 | | 새로운 돌잡이 물건들 | |
| 여러 나라의 다양한 돌잔치 | | 돌잔치의 재미, 돌잡이 | |

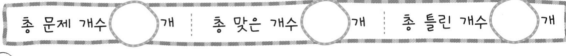

총 문제 개수 ◯ 개 | 총 맞은 개수 ◯ 개 | 총 틀린 개수 ◯ 개

글을 읽고 나서 오늘 공부를 신나게 시작하자고!

좋은 습관 다지는 72

공원과 놀이터에서 지켜야 할 예절

공원과 놀이터는 신나게 노는 장소로만 생각하기 쉽습니다. 하지만 공공장소이므로 놀면서도 지켜야 할 예절이 있답니다.

① 차례를 지켜야 해요. 공원과 놀이터에 입장을 하거나 시설물을 사용할 때에는 순서대로 차례를 지켜야 한답니다.

② 시설물을 소중히 여겨야 한답니다. 주변의 나무나 꽃을 함부로 꺾거나 열매를 따서는 안 되며, 시설물도 소중히 사용해야 한답니다.

③ 출입 금지 지역에는 들어가지 마세요.

④ 너무 크게 떠들거나 노래를 부르며 소란을 피우지 마세요. 다른 사람들도 즐겁게 보내기 위해 공원과 놀이터를 찾으니까요.

⑤ 음식물은 지정된 곳에서만 먹고, 쓰레기는 쓰레기통에 버리세요. 만약 쓰레기통이 없다면 집으로 가져와야 한다는 사실 꼭 기억하세요.

머리 풀어 주는 퍼즐

창의사고력 기초 다지기 주의집중력 쑥~

다음 중 가장 큰 수를 찾아 동그라미 하세요.

47

9

3

25   35

33   11

31

21   5

45   7

39   29

23   37   43

37

41   29

● 오늘의 읽기 자료입니다. 잘 읽고 문제를 풀어 보세요.

'스핀오프(spin-off)'를 아나요?

스핀오프란 한 분야에서 특별한 목적으로 개발된 기술이 다른 분야에도 사용되는 것을 말해요. 특히 우주 탐사 기술의 스핀오프는 의료, 가정, 환경에 이르기까지 다양한 곳에서 이용되고 있답니다.

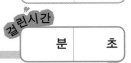

의료 분야로는 MRI와 CT가 있어요. 아폴로 우주 비행선의 디지털 영상 처리 기술을 이용해 우리 몸의 내부를 짧은 시간 내에 촬영할 수 있게 만든 의료 기기랍니다.

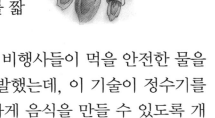

가정 분야에는 정수기와 전자레인지가 있어요. 우주 비행사들이 먹을 안전한 물을 위해 중금속과 악취를 걸러 주는 이온 여과 장치를 개발했는데, 이 기술이 정수기를 탄생시켰답니다. 또한 좁은 우주 비행선 안에서 간단하게 음식을 만들 수 있도록 개발한 것이 전자레인지랍니다. 이 둘은 없어서는 안 되는 주방용품이 되었답니다.

환경 분야에서도 우주 탐사 기술은 중요한 역할을 한답니다. 우주비 행사들은 우주 국제 정거장에서 오랫동안 머물러야 해요. 하지만 지구에서 물·식량·공기를 계속 공급해 줄 수 없기 때문에, 스스로 물·식량·공기를 만드는 재활용 시스템을 개발했어요. 이 기술은 재활용 시스템으로 활용되어 지구 환경 지킴이로 큰 도움을 주고 있답니다.

❶ 핵심어 찾기

다음 낱말들 중에 위 글에 나온 낱말이 있으면 빈칸에 동그라미 하세요. 동그라미 한 낱말들이 위 글의 주제와 관련된 핵심어입니다.

문제 개수 6 개

맞은 개수 ⬭ 개

틀린 개수 ⬭ 개

전자레인지	우주 탐사	해저 탐사	재활용 시스템	MRI	스핀오프

♥ 다음 보기를 이용해서 ❷~❸번 문제를 풀어 보세요.

보기　① 식수와 음식을 위해 개발된 기술　② 우주 비행선의 디지털 영상 처리 기술
　　　③ 정수기, 전자레인지　　　　　　　④ 우주 국제 정거장의 재활용 시스템
　　　⑤ 환경　　　　　　　　　　　　　⑥ 우주 탐사 기술의 스핀오프

❷ 글의 짜임 그리기

문제 개수 4 개

맞은 개수 ◯ 개

틀린 개수 ◯ 개

다음은 위 글의 내용을 한눈에 볼 수 있도록 정리한 표입니다. 빈칸에 보기의 ①~⑥을 알맞게 넣어 표를 완성해 보세요.

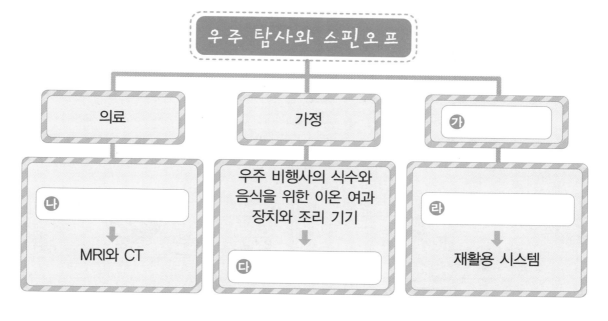

❸ 요약 하기

문제 개수 2 개

맞은 개수 ◯ 개

틀린 개수 ◯ 개

다음은 위 글의 중심 내용을 요약한 것입니다. 빈칸에 보기의 ①~⑥을 알맞게 넣어 요약 글을 완성해 보세요.

　스핀오프란 한 분야에서 특별한 목적으로 개발된 기술이 다른 분야에도 사용되는 것으로, 「가」＿＿＿＿＿＿＿＿＿＿＿＿＿＿＿＿는 다양한 분야에 쓰이고 있다. 의료 분야로는 우주 비행선의 디지털 영상 처리 기술을 이용한 MRI와 CT가 있다. 가정에서 쓰이는 정수기와 전자레인지는 우주 비행사의 「나」＿＿＿＿＿＿＿＿＿＿ 을 이용한 것이다. 우주 국제 정거장의 재활용 시스템을 이용한 재활용 시스템도 지구 환경 지킴이로 큰 역할을 하고 있다.

75

❹ 제목 달기

다음은 위 글의 제목 후보입니다. 먼저, 위 글의 제목으로 가장 알맞은 것을 골라 빈칸에 ○를 하세요. 그런 다음, 주어진 조건에 맞게 ×, △, □를 표시하세요. (단, ○는 딱 한 개만 고르세요.)

문제 개수 **4** 개

맞은 개수 ⬭ 개

틀린 개수 ⬭ 개

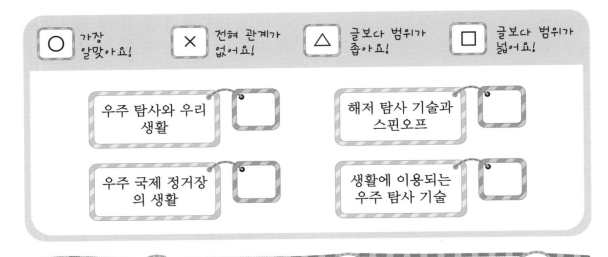

| ○ 가장 알맞아요! | × 전혀 관계가 없어요! | △ 글보다 범위가 좁아요! | □ 글보다 범위가 넓어요! |

우주 탐사와 우리 생활 〇

해저 탐사 기술과 스핀오프 〇

우주 국제 정거장의 생활 〇

생활에 이용되는 우주 탐사 기술 〇

총 문제 개수 ◯ 개 | 총 맞은 개수 ◯ 개 | 총 틀린 개수 ◯ 개

글을 읽고 나서 오늘 공부를 신나게 시작하자고!

마음에 힘이 되는 72

관용은 다름을 받아들이는 것

'핑거푸드' 라고 들어 본 적이 있나요?

식기를 사용하지 않고, 그냥 손으로 집어 먹는 음식을 뜻한답니다. 손으로 들고 먹는 햄버거도 핑거푸드라고 할 수 있어요.

그런데 사람들은 손으로 음식을 집어 먹는 것에 대해 잘못된 생각을 가지고 있답니다. 햄버거를 손으로 먹는 것은 편안하고 자유스럽다고 생각하면서, 인도 사람들이 손으로 음식을 먹는 것은 무척 불결하다고 생각한답니다.

서로 다른 문화와 생활 풍습을 이해하고 존중하는 것이 바로 '관용' 이랍니다. 우리나라 사람들이 숟가락과 젓가락으로 음식을 먹는다고 해서, 세계 모든 나라 사람들이 우리와 같은 방법으로 식사를 할 필요는 없거든요.

다르다는 것은 그저 차이일 뿐, 그것을 이유로 차별해서는 안 된답니다. 다름을 받아들일 수 있는 마음이 바로 관용이랍니다.

76

머리 풀어 주는 퍼즐

도전 시간 00 분 20 초

걸린 시간 분 초

창의사고력 기초 다지기 | 연상추리력 쑥~

?에 이어질 그림은 무엇일까요?

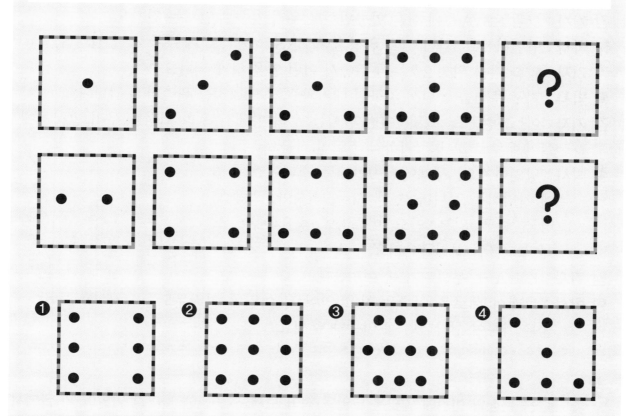

번

● 오늘의 읽기 자료입니다. 잘 읽고 문제를 풀어 보세요.

김 기자 : 전남의 '나로우주센터'에서는 KSVA-1의 발사 준비가 한창이라던데, KSVA-1이 뭔가요?

황 박사 : KSVA-1은 우리나라 기술로 만든 우주 로켓 이름이에요. 소형 위성 발사체라고도 하는데, 인공위성을 우주로 보내는 로켓이란 뜻이지요.

김 기자 : 그럼 KSVA-1에 실을 인공위성도 우리 기술로 만드는 건가요?

황 박사 : 당연하지요. 과학 기술 위성 2호가 KSVA-1과 함께 우주로 갈 겁니다.

김 기자 : 과학 기술 위성 2호는 우주에서 어떤 일을 하게 되나요?

황 박사 : 지구 주변을 돌면서 지구의 대기와 복사 에너지를 관측하게 됩니다.

김 기자 : 아! 그렇군요. 그럼, 이번 발사는 우리 땅에서 우리 위성을 우리 발사체에 실어 우주로 보내는 역사적인 일인 거군요.

황 박사 : 당연하지요. 세계에서 9번째로 스페이스 클럽에 가입하는 겁니다. 현재 미국, 러시아, 프랑스, 영국, 중국, 일본, 인도, 이스라엘 등 8개국이 스페이스 클럽 회원국이지요.

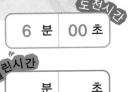

김 기자 : KSVA-1, 부르기가 좀 어려운데요.

황 박사 : 그래서 새로운 이름을 찾고 있어요. 어린이 여러분도 좋은 이름이 생각나면 꼭 말씀해 주세요.

**①
핵심어
찾기**

다음 문장의 빈칸에 알맞은 낱말을 적어 보세요. 빈칸에 들어갈 낱말이 위 글에서 가장 중요한 핵심어입니다.

문제 개수 **2** 개

맞은
개수 ◯ 개

틀린
개수 ◯ 개

우리나라 기술로 만든 [   ]는 소형 위성 발사체란 뜻으로, [   ]를 싣고 우주로 발사될 예정이다.

♥ 다음 보기 를 이용해서 ❷~❸번 문제를 풀어 보세요.

보기
① 지구의 대기와 복사 에너지 관측
② KSVA-1
③ 우리 땅에서 우리 위성을 우리 발사체
④ 스페이스 클럽에 가입

❷
글의 짜임
그리기

문제 개수 3 개

맞은
개수 ⎈ 개

틀린
개수 ⎈ 개

다음은 위 글의 내용을 한눈에 볼 수 있도록 정리한 표입니다. 빈칸에 보기 의 ①~④를 알맞게 넣어 표를 완성해 보세요.

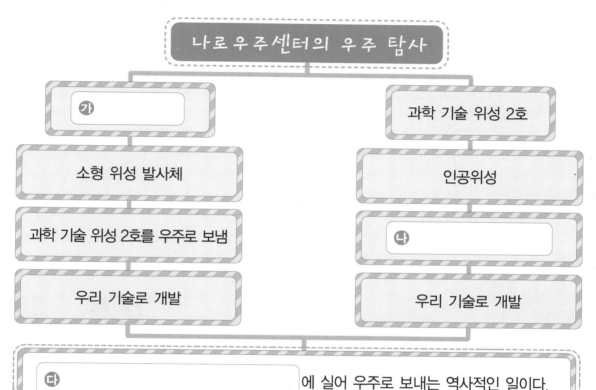

나로우주센터의 우주 탐사

가	과학 기술 위성 2호
소형 위성 발사체	인공위성
과학 기술 위성 2호를 우주로 보냄	나
우리 기술로 개발	우리 기술로 개발

다 _____ 에 실어 우주로 보내는 역사적인 일이다.

❸
요약
하기

문제 개수 1 개

맞은
개수 ⎈ 개

틀린
개수 ⎈ 개

다음은 위 글의 중심 내용을 요약한 것입니다. 빈칸에 보기 의 ①~④를 알맞게 넣어 요약 글을 완성해 보세요.

　전남의 나로우주센터에서는 KSVA-1 발사 준비로 바쁘다. KSVA-1는 소형 위성 발사체라는 뜻으로, 인공위성을 우주로 쏘아 올리는 로켓이다. KSVA-1에 실을 과학 기술 위성 2호는 지구의 대기와 복사 에너지를 관측하는 임무를 맡을 예정이다. 특히 KSVA-1과 과학 기술 위성 2호의 발사는 의미가 크다. 우리 땅에서 우리 위성을 우리 발사체에 실어 우주로 보내는 역사적인 사건이다. 이번 발사가 성공하면 세계 9번째로 가 _____ 하는 우주 선진국이 될 것이다.

④ 제목 달기

다음은 위 글에 가장 어울리는 제목을 지어 보는 과정입니다. 보기에 주어진 낱말을 이용해서 제목을 달아 보세요.

문제 개수 **1** 개

맞은 개수 ◯ 개

틀린 개수 ◯ 개

보기   우리   발사체로   우리   땅에서   위성을   우리

총 문제 개수 ⑦ 개 | 총 맞은 개수 ◯ 개 | 총 틀린 개수 ◯ 개

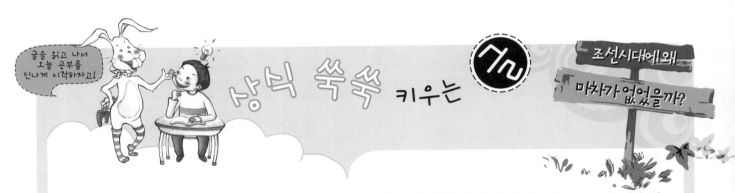

상식 쑥쑥 키우는 72 조선시대에 왜 마차가 없었을까?

글을 읽고 나서 오늘 공부를 신나게 시작하자고!

조선 시대에는 마차가 없었을까요? 조선 시대에는 마차뿐 아니라 수레조차도 거의 사용하지 않았어요. 대신 가마를 타거나 지게를 이용했답니다.

하지만 조선 시대 이전에는 수레를 많이 사용했어요. 고구려 고분 벽화를 보면, 다양한 모양의 수레를 볼 수 있거든요. 고구려의 귀족과 여자들은 소가 끄는 수레를 타고 나들이를 다녔고, 백성들은 짐을 싣고 다녔답니다. 고려 시대에도 수레를 이용했어요. 수레에 정자를 통째로 싣고는 나들이를 떠나기도 했으니까요.

그럼, 왜 갑자기 수레가 사라졌을까요? 말이 사라져 버렸기 때문이에요. 고려 시대에는 원나라에게, 조선 시대에는 명나라에게 엄청나게 많은 말을 바쳐야 했기 때문에 수레를 끌 말이 부족했던 거예요. 그러니 당연히 수레도 마차도 발달할 수 없었던 거랍니다.

머리 풀어 주는 퍼즐

창의사고력 기초 다지기 · 판단능력 쑥~

다음 그림을 아래로 뒤집으면 어떤 그림이 될까요?

❶

❷

❸

 번

빠르고 정확하게 읽기

속독   정독

● 오늘의 읽기 자료입니다. 잘 읽고 문제를 풀어 보세요.

안녕하세요?

우주여행에 참여하신 걸 환영합니다. 여러분이 계실 스페이스 호텔은 우주 정거장 3구역에 있습니다. 우주정거장은 무중력 상태이므로 저희 스페이스 호텔의 생활 규칙을 안내해 드리겠습니다.

음료를 드실 때에는 빨대가 있는 비닐 팩에 든 음료만을 이용해 주시기 바랍니다. 물을 컵에 따르시면 공중에 둥둥 떠다녀, 호텔 내 기계 고장 원인이 되기도 합니다.

샤워를 하실 때에는 물 쏘는 기계와 물 빨아들이는 기계의 중간에 서서 하시기 바랍니다. 물을 빨아들이는 기계에서 멀리 떨어져 샤워를 하시면, 재활용에 어려움이 있습니다.

주무실 때에는 벽에 고정된 침낭을 이용하시기 바랍니다. 침낭 이외의 곳에서 잠이 들면 방 안을 둥둥 떠다니다가 물건들과 부딪혀서 다칠 수 있습니다.

이동을 하실 때에는 갈고리 신발을 신고 그물이 깔린 길로만 다녀주시기 바랍니다. 갈고리 신발이 그물코에 걸려 원하시는 곳으로 쉽게 이동하실 수 있습니다.

만약 다른 신발을 신거나 그물 길을 벗어나신다면, 공중으로 떠오르거나 뒤로 가실 수 있습니다.

여러분 모두 행복한 여행이 되길 바랍니다.

스페이스 호텔 지배인
이티

①
핵심어
찾기

다음 낱말들 중에 위 글에 나온 낱말이 있으면 빈칸에 동그라미 하세요. 동그라미한 낱말들이 위 글의 주제와 관련된 핵심어입니다.

문제 개수 7 개

맞은
개수   개

틀린
개수   개

우주 정거장	빨대	우주 비행사	무중력 상태	재활용	갈고리 신발	화성

♥ 다음 보기 를 이용해서 ❷~❸번 문제를 풀어 보세요.

보기 ① 빨대가 있는 비닐 팩   ② 이동을 할 때
      ③ 갈고리 신발을 신고 그물이 깔린 길   ④ 샤워할 때
      ⑤ 벽에 고정된 침낭   ⑥ 무중력 상태

❷ 글의 짜임
그리기

다음은 위 글의 내용을 한눈에 볼 수 있도록 정리한 표입니다. 빈칸에 보기 의 ①~⑥을 알맞게 넣어 표를 완성해 보세요.

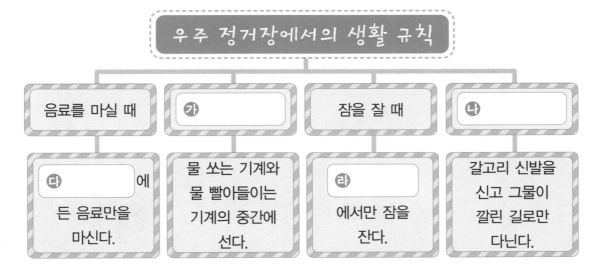

우주 정거장에서의 생활 규칙

음료를 마실 때	㉮	잠을 잘 때	㉯
㉰ 에 든 음료만을 마신다.	물 쏘는 기계와 물 빨아들이는 기계의 중간에 선다.	㉱ 에서만 잠을 잔다.	갈고리 신발을 신고 그물이 깔린 길로만 다닌다.

❸ 요약
하기

다음은 위 글의 중심 내용을 요약한 것입니다. 빈칸에 보기 의 ①~⑥을 알맞게 넣어 요약 글을 완성해 보세요.

㉮   의 우주 정거장에서 생활할 때에는 특별한 생활 규칙이 필요하다. 음료를 마실 대에는 빨대가 있는 비닐 팩에 든 것만을 마셔야 한다. 샤워를 할 때에는 물 쏘는 기계와 물을 빨아들이는 기계의 중간에 서서 해야 한다. 그리고 벽에 고정된 침낭 안에서만 잠을 자야 한다. 이동을 할 때에도 ㉯   로만 다녀야 한다.

❹ 제목 달기

다음은 위 글의 제목 후보입니다. 먼저, 위 글의 제목으로 가장 알맞은 것을 골라 빈칸에 ○를 하세요. 그런 다음, 주어진 조건에 맞게 ×, △, □를 표시하세요. (단, ○는 딱 한 개만 고르세요.)

문제 개수 **3** 개

맞은 개수 ⬭ 개

틀린 개수 ⬭ 개

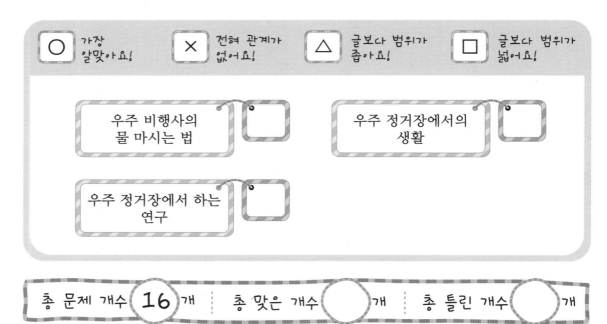

| ○ 가장 알맞아요! | × 전혀 관계가 없어요! | △ 글보다 범위가 좁아요! | □ 글보다 범위가 넓어요! |

| 우주 비행사의 물 마시는 법 ⬜ | 우주 정거장에서의 생활 ⬜ |
| 우주 정거장에서 하는 연구 ⬜ | |

총 문제 개수 **16** 개 | 총 맞은 개수 ◯ 개 | 총 틀린 개수 ◯ 개

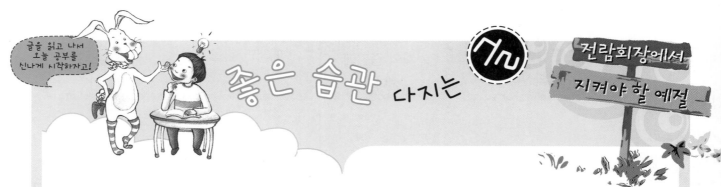

좋은 습관 다지는 7교시

전람회장에서 지켜야 할 예절

글을 읽고 나서 오늘 공부를 신나게 시작하자고!

전람회장은 멋진 예술 작품을 전시해 놓은 곳으로, 많은 사람들이 찾아오는 공공장소랍니다. 따라서 전람회장에서 지켜야 할 예절이 있답니다.

① 전람회장에서는 큰 소리로 떠들어서는 안 돼요. 걸어 다닐 때, 신발 소리도 조심해야 한답니다. ② 작품을 감상하다가 궁금한 점이 생기면, 옆 사람과 소곤거리지 말고 도우미에게 물어보세요. 도우미는 작품에 대해 잘 알고 있으므로 금방 알려 줄 거예요. ③ 전시 작품과 진열장이 너무 멋지다고 손으로 만져서는 안 돼요. 그건 작품을 망가뜨리는 행동이랍니다. ④ 함부로 사진을 찍지 마세요. 굳이 사진을 찍고 싶다면, 미리 말을 하고 양해를 받아야 한답니다. ⑤ 관람을 마친 뒤 전람회 주최 측에 감사 인사를 하는 것도 잊지 마세요.

전람회장의 예절만 잘 지켜도 여러분은 예술 작품을 제대로 감상할 줄 아는 멋진 사람이랍니다.

19회

머리 풀어 주는 퍼즐

도전 시간	걸린 시간
00 분 20 초	분 초

창의사고력 기초 다지기   정보처리능력 쑥~

?에 올 숫자가 무엇일까요?

12 ➔ 21 ➔ 22 ➔ 22 ➔ 23 ➔ 32

? ⬅ 44 ⬅ 43 ⬅ 34 ⬅ 33 ⬅ 33

❶ 42   ❷ 43   ❸ 44   ❹ 45

번

속독 정독

도전시간
5 분 50 초

걸린시간
분 초

오늘의 읽기 자료입니다. 잘 읽고 문제를 풀어 보세요.

안녕?

나는 소현이야. 경주 감포에서 사는데, 동네에서 소현이네는 아주 유명해. 매일 유치원에 가는 우리 엄마 때문이야. 이상하지? 어른이 유치원을 다닌다니 말이야. 사실 우리 엄마는 필리핀 사람이야. 아빠가 필리핀에 여행을 갔다가 우연히 엄마를 보고는 첫눈에 반했지 뭐야. 엄마도 씩씩한 아빠한테 반해서 둘이 결혼을 했대. 엄마는 가족들을 모두 필리핀에 두고 아빠를 따라 한국으로 온 거야.

처음에 엄마는 말도 통하지 않고 음식도 안 맞아서 너무 많이 고생을 했었나봐. 필리핀으로 다시 돌아가려고 했으니까 말이야. 어떻게 되었냐고? 아빠가 깜짝 놀라서 한글 학교에 엄마를 등록시키고 매일 함께 다녔어. 엄마는 금세 한글을 익혀 사람들과 이야기를 할 수 있게 되었지. 할머니는 엄마 수다에 정신이 하나도 없대.

엄마는 이제 동네 유치원에서 영어 선생님까지 하고 있어. 엄마는 다시 한글 공부를 시작했어. 외국 관광객에게 경주 문화를 소개하는 통역사가 되려고 말이야. 나는 우리 엄마가 꿈을 꼭 이룰 거라 믿어. 사랑하는 가족이 있으니까.

그럼, 다음 편지에는 통역사를 위해 바쁘게 뛰어다니는 우리 엄마 이야기를 해 줄게.

경주에서 소현이가

① 핵심어 찾기

다음 낱말 중에 위 글에 나온 낱말이 있으면 있으면 빈칸에 동그라미 하세요. 동그라미 한 낱말들이 위 글의 주제와 관련된 핵심어입니다.

문제 개수 5개

맞은 개수 ◯ 개
틀린 개수 ◯ 개

외국인 노동자	엄마	결혼	필리핀 사람	한글 학교

♥ 다음 보기를 이용해서 ❷~❸번 문제를 풀어 보세요.

보기
① 경주를 알리는 통역사
② 음식도 맞지 않았기 때문이다.
③ 아빠의 보살핌
④ 매일 한글 학교에 다녔다.
⑤ 말도 통하지 않고
⑥ 엄마는 필리핀 사람

❷
글의 짜임
그리기

다음은 위 글의 내용을 한눈에 볼 수 있도록 정리한 표입니다. 빈칸에 보기의 ①~⑥을 알맞게 넣어 표를 완성해 보세요.

문제 개수 4 개

맞은 개수 □ 개

틀린 개수 □ 개

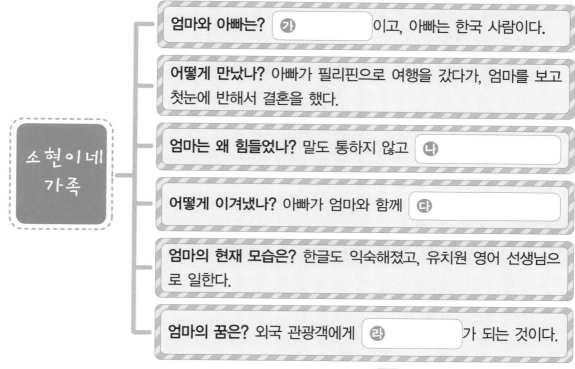

소현이네 가족

엄마와 아빠는? 가 [   ] 이고, 아빠는 한국 사람이다.

어떻게 만났나? 아빠가 필리핀으로 여행을 갔다가, 엄마를 보고 첫눈에 반해서 결혼을 했다.

엄마는 왜 힘들었나? 말도 통하지 않고 나 [   ]

어떻게 이겨냈나? 아빠가 엄마와 함께 다 [   ]

엄마의 현재 모습은? 한글도 익숙해졌고, 유치원 영어 선생님으로 일한다.

엄마의 꿈은? 외국 관광객에게 라 [   ] 가 되는 것이다.

❸
요약
하기

다음은 위 글의 중심 내용을 요약한 것입니다. 빈칸에 보기의 ①~⑥을 알맞게 넣어 요약 글을 완성해 보세요.

문제 개수 2 개

맞은 개수 □ 개

틀린 개수 □ 개

나는 경주에 사는 소현이야. 우리 가족은 동네에서 유명해. 엄마가 필리핀 사람이거든. 엄마랑 아빠는 필리핀에서 처음 만났는데, 첫눈에 반해 결혼을 했어. 한국에 도착한 엄마는 처음에 매우 힘들었대. 가 [   ] 음식도 맞지 않았기 때문이지. 하지만 엄마는 한글 학교에서 공부를 하면서 차츰 적응을 했어. 물론 한글 학교에 매일 함께 다닌 나 [   ] 이 큰 도움이 되었지. 이제 우리 엄마는 유치원 영어 선생님이야. 그리고 외국 관광객에게 경주를 알리는 통역사가 되는 게 우리 엄마 꿈이란다.

다음은 위 글의 제목 후보입니다. 먼저, 위 글의 제목으로 가장 알맞은 것을 골라 빈칸에 ○를 하세요. 그런 다음, 주어진 조건에 맞게 ×, △, □를 표시하세요. (단, ○는 딱 한 개만 고르세요.)

문제 개수 ④ 개

맞은 개수 ⬚ 개

틀린 개수 ⬚ 개

외국인 노동자의 고통 ★　　★ 이 글의 제목으로 딱 좋아!

우리 엄마의 꿈 ★　　★ 범위가 너무 좁아!

다양한 가족의 형태 ★　　★ 이 글과 상관없는 제목이야!

필리핀 엄마와 가족 사랑 ★　　★ 범위가 너무 넓어!

총 문제 개수 ⑮ 개 ┃ 총 맞은 개수 ◯ 개 ┃ 총 틀린 개수 ◯ 개

글을 읽고 나서 오늘 공부를 신나게 시작하자고!

마음에 힘이 되는 수필

소중한 나를 존중해 주세요.

'배려, 사랑, 자신감'

이들의 공통점은 무엇일까요? 바로 존중이에요. 존중이란 다른 것들을 귀하게 여기는 마음을 말해요.

부모님 말씀을 잘 듣는 것은 부모님에 대한 존중에서 시작해요. 엄마의 말이 잔소리가 아니라, 나를 위한 말이라고 생각해야 하니까요. 친구들과 다투지 않고 지낼 수 있으려면, 친구들을 존중해야 해요. 친구들의 의견도 귀 기울여 듣다 보면, 다툼도 적어지거든요. 존중은 동물을 대할 때도, 나무와 꽃을 대할 때도 필요해요. 생명은 소중하므로, 당연히 존중해야 한답니다.

그런데 무엇보다도 존중해야 할 사람이 있어요. 바로 '나'예요. 내가 나를 존중해야, 어떤 어려움도 이겨낼 수 있다는 자신감이 생겨나는 거예요. 잊지 마세요. '나'는 세상에서 가장 소중한 존재이기 때문에, 그 무엇보다도 나를 존중해야 한다는 사실을요.

20 회

머리 풀어 주는 퍼즐

도전 시간	걸린 시간
00 분 30 초	분 초

창의사고력 기초 다지기   계산능력 쑥~

화살표를 따라 계산하면 어떤 답이 나올까요?

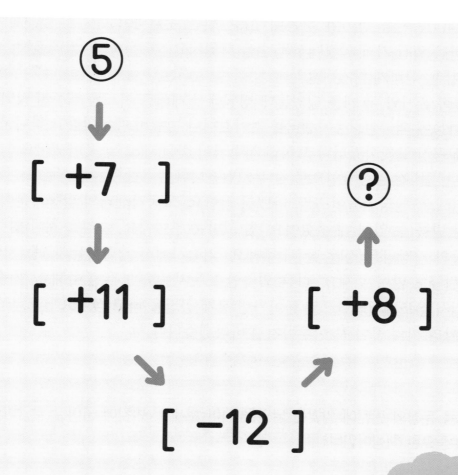

빠르고 **정확**하게 **읽기**

| 4 분 | 20 초 |

걸린시간

| 분 | 초 |

● 오늘의 읽기 자료입니다. 잘 읽고 문제를 풀어 보세요.

이 기자 : 우즈베키스탄에서 오신 알리 씨와 함께 외국인 노동자가 겪는 어려움에 대해 이야기를 나누어 보도록 하겠습니다. 5년 전에 오셨는데, 그 동안 어떤 어려움을 겪었나요?

알리 : 공사장에서 힘들게 일만 하고 월급도 제대로 못 받았어요. 400만원을 받아야 하는데 100만원만 주더라고요. 그 다음 일한 가구 공장에서는 손을 다쳤지요.

이 기자 : 이런, 심하게 다쳤나요?

알리 : 오른쪽 손가락 두 개를 잃었는데 병원에서 제대로 치료를 해주지 않았어요. 급한 마음에 외국인노동자센터를 찾아갔더니 병원비 때문이라고 하더군요. 며칠 후에 공장을 찾아갔더니 오히려 사장님이 화를 내고 날 쫓아냈어요.

이 기자 : 아, 참! 같은 한국인으로 참 부끄럽습니다.

알리 : 아니에요. 한국인들이 모두 나쁘지 않아요. 노동자센터의 활동가분이 다시 치료를 받을 수 있게 해 주셨어요. 참 고마운 분이에요. 그리고 지금 일하는 봉제 공장의 사장님은 정말 잘 해 주세요. 기숙사에서 생활하는데 1등 기술자라면서 월급도 많이 주세요. 다른 외국인 노동자들도 모두 좋아해요. 기술을 많이 배워서 우즈베키스탄으로 돌아가면 봉제 공장을 하고 싶어요.

이 기자 : 알리 씨의 꿈이 꼭 이루어지길 바라겠습니다.

❶ 핵심어 찾기

다음 문장의 빈칸에 알맞은 낱말을 적어 보세요. 빈칸에 들어갈 낱말이 위 글에서 가장 중요한 핵심어입니다.

문제 개수 1 개

맞은 개수 ◯ 개

틀린 개수 ◯ 개

[   ]란 자신의 나라가 아닌 다른 나라에서 돈을 받고 일하고 있는 사람들을 말합니다.

90

♥ 다음 [보기]를 이용해서 ❷~❸번 문제를 풀어 보세요.

[보기]
① 손가락을 다쳤는데 제대로 치료를 받지 못했다.   ② 봉제 공장
③ 우즈베키스탄에서 온   ④ 월급을 제대로 받지 못했다.

❷ 글의 짜임 그리기

다음은 위 글의 내용을 한눈에 볼 수 있도록 정리한 표입니다. 빈칸에 [보기]의 ①~④를 알맞게 넣어 표를 완성해 보세요.

문제 개수 3 개

맞은 개수 ___ 개

틀린 개수 ___ 개

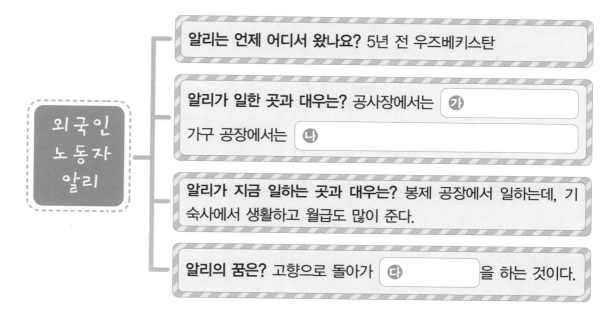

외국인 노동자 알리

알리는 언제 어디서 왔나요? 5년 전 우즈베키스탄

알리가 일한 곳과 대우는? 공사장에서는 ㉮
가구 공장에서는 ㉯

알리가 지금 일하는 곳과 대우는? 봉제 공장에서 일하는데, 기숙사에서 생활하고 월급도 많이 준다.

알리의 꿈은? 고향으로 돌아가 ㉰ 을 하는 것이다.

❸ 요약 하기

다음은 위 글의 중심 내용을 요약한 것입니다. 빈칸에 [보기]의 ①~④를 알맞게 넣어 요약 글을 완성해 보세요.

문제 개수 1 개

맞은 개수 ___ 개

틀린 개수 ___ 개

알리는 5년 전 ㉮ _____ 외국인 노동자이다. 맨 처음 그는 공사장에서 일을 했지만 월급을 받지 못했다. 그 후에 일한 가구 공장에서는 손가락을 다쳤는데 제대로 치료를 받을 수가 없었다. 알리는 지금 봉제 공장에서 일을 하고 있는데, 무척 행복하다. 기숙사에서 지내면서 기술에 따라 월급도 많이 받는다. 알리의 꿈은 우즈베키스탄으로 돌아가 봉제 공장을 하는 것이다.

4 제목 달기

문제 개수 4 개

맞은 개수 ◯ 개

틀린 개수 ◯ 개

다음은 위 글의 제목 후보입니다. 먼저, 위 글의 제목으로 가장 알맞은 것을 골라 빈칸에 ◯를 하세요. 그런 다음, 주어진 조건에 맞게 ×, △, □를 표시하세요. (단, ◯는 딱 한 개만 고르세요.)

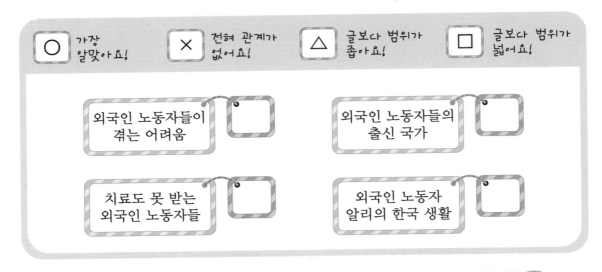

◯ 가장 알맞아요! × 전혀 관계가 없어요! △ 글보다 범위가 좁아요! □ 글보다 범위가 넓어요!

외국인 노동자들이 겪는 어려움 ◯

외국인 노동자들의 출신 국가 ◯

치료도 못 받는 외국인 노동자들 ◯

외국인 노동자 알리의 한국 생활 ◯

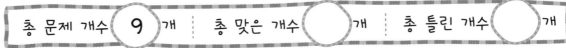

총 문제 개수 9 개 │ 총 맞은 개수 ◯ 개 │ 총 틀린 개수 ◯ 개

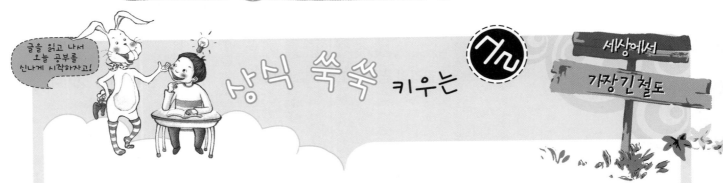

글을 읽고 나서 오늘 공부를 신나게 시작하자고!

상식 쑥쑥 키우는 72

세상에서 가장 긴 철도

세상에서 가장 긴 철도는 무엇일까요?

러시아에 있는 시베리아 횡단 철도랍니다. 시베리아 횡단 철도는 그 길이만도 9,297km에 이른답니다. 서쪽의 모스코바에서 가장 빠른 특급 열차인 러시아호를 타면, 157시간 만에 동쪽의 블라디보스토크에 도착한답니다. 기차 안에서 7박 8일 동안 식사도 하고 잠도 자야 합니다. 시베리아 횡단 철도를 타면, 무작정 달리는 것이 아니라 에카테린부르크, 노보시비르스크, 크라스노야르스크, 이르쿠츠크, 하바롭스크 등의 중요한 도시들도 지난답니다. 1837년에 시작된 시베리아 횡단 철도 공사는 1898년에야 끝났는데, 그 길이만큼이나 공사 기간도 오래 걸렸답니다. 특히, 바이칼 호 지역에서 터널을 뚫고 다리를 세우면서 공사에 동원되었던 러시아의 가난한 농민들과 죄수들이 많이 목숨을 잃었습니다.

도전 시간	걸린 시간
00 분 20 초	분 초

창의사고력 기초 다지기 주의집중력 쑥~

시작에서 다음 화살표 순서대로 3번 반복하면 무슨 숫자가 나올까요?

32	27	51	37	13
45	19	11	90	시작
80	44	31	14	39
72	21	81	15	24
18	29	75	6	52
3	92	5	17	12

● 오늘의 읽기 자료입니다. 잘 읽고 문제를 풀어 보세요.

　한국에 한국인보다 외국인이 더 많이 사는 곳이 있다. 바로 안산시 원곡동이다. 주변 공단에서 일하는 외국인 노동자들이 하나 둘 모여들기 시작하면서, 현재 '국경 없는 마을' 로 불릴 정도로 많은 외국인 노동자들이 살고 있다.

　안산시는 원곡동에 살고 있는 외국인 노동자들을 위해 여러 가지 지원을 하고 있다. 외국인 노동자들을 위해 종합적 지원을 담당하는 외국인 이주민 센터를 비롯해 언어 문제 해결을 위해 한국어 교실과 통역 지원 센터를, 의료 문제를 도와주기 위해 의료 무료 지원센터를 운영하고 있다.

　한국인에게도 원곡동은 세계 각국의 음식을 즐길 수 있는 곳으로 알려져 있다.

　매년 가을이면 열리는 음식 문화 축제에는 외국인 노동자뿐 아니라 한국인들도 많이 찾고 있다. 여행을 가지 않고도 네팔, 인도, 우즈베키스탄, 베트남 등 여러 나라의 다양한 음식을 현지 입맛 그대로 즐길 수 있기 때문이다.

　안산시는 앞으로 원곡동 일대를 다문화 체험 특구로 지정할 계획이다. 이를 위해 다문화원, 체험관, 외국인 관광 식당, 걷고 싶은 거리 등을 만들고 있다. 머지않아 원곡동은 한국인과 외국인 노동자가 서로의 문화를 이해하고 익히는 공간이 될 것으로 기대된다.

①
핵심어 찾기

다음 문장의 빈칸에 알맞은 낱말을 적어 보세요. 빈칸에 들어갈 낱말이 위 글에서 가장 중요한 핵심어입니다.

문제 개수 **2** 개

맞은 개수 〇 개

틀린 개수 〇 개

　　[　　　　　　]　은 네팔, 인도 등 여러 나라에서 온 외국인 노동자들이

많이 살고 있어, '[　　　　　　]' 로 불리고 있습니다.

♥ 다음 보기를 이용해서 ❷∼❸번 문제를 풀어 보세요.

보기 ① 외국인 이주민 센터, 한국어 교실과 통역 지원 센터, 의료 무료 지원 센터

② 다문화 체험 특구　　③ 외국인 노동자　　④ 음식 문화 축제

⑤ 한국인과 외국인 노동자가 서로의 문화를 이해하고 익히는 공간

❷
글의 짜임
그리기

다음은 위 글의 내용을 한눈에 볼 수 있도록 정리한 표입니다. 빈칸에 보기의 ①∼⑥을 알맞게 넣어 표를 완성해 보세요.

문제 개수 3 개

맞은
개수 　　 개

틀린
개수 　　 개

안산시 원곡동		
특징		많은 외국인 노동자들이 살고 있는 '국경 없는 마을'
현재	다양한 지원	㉮
	문화 축제	㉯
미래	㉰	▶ 다문화원, 체험관, 외국인 관광식당, 걷고 싶은 거리를 만들고 있다. ▶ 한국인과 외국인 노동자가 서로의 문화를 이해하고 익히는 공간이 될 것이다.

❸
요약
하기

다음은 위 글의 중심 내용을 요약한 것입니다. 빈칸에 보기의 ①∼⑥을 알맞게 넣어 요약 글을 완성해 보세요.

문제 개수 2 개

맞은
개수 　　 개

틀린
개수 　　 개

　　안산시 원곡동은 '국경 없는 마을'로 불린다. 많은 ㉮

들이 살고 있기 때문이다. 이들을 위해 외국인 이주민 센터, 한국어 교실과 통역 지원 센터, 의료 무료 지원 센터 등이 운영되고 있으며, 매년 가을 음식 문화 축제가 열린다. 안산시는 원곡동을 다문화 체험 특구로 지정하기 위해, 다문화원, 체험관, 외국인 관광 식당, 걷고 싶은 거리를 만들고 있다. 원곡동은

㉯ 　　　　　　　　　　　　　　　　　　　　　　이 될 것이다.

다음은 위 글에 가장 어울리는 제목을 찾는 과정입니다. 서로 관계 있는 것끼리 줄로 이으세요.

문제 개수 3 개

맞은 개수 ⬚ 개

틀린 개수 ⬚ 개

성공한 네팔 전문 음식점 ★   ★ 이 글의 제목으로 딱 좋아!

국경 없는 마을, 원곡동 ★   ★ 범위가 너무 좁아!

외국인 노동자를 위한 지원 ★   ★ 이 글과 상관없는 제목이야!

총 문제 개수 10 개   총 맞은 개수 ◯ 개   총 틀린 개수 ◯ 개

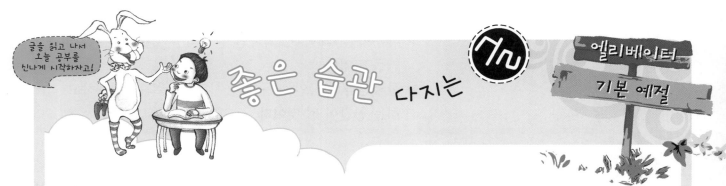

좋은 습관 다지는 7교시

엘리베이터 기본 예절

글을 읽고 나서 오늘 공부를 신나게 시작하자고!

요즘 조금 높은 건물에는 모두 엘리베이터가 있답니다. 엘리베이터를 이용하는 사람들은 많지만, 기본 에티켓이 있다는 것을 아는 사람들은 그리 많지 않답니다.

엘리베이터의 기본 예절에서 가장 중요한 것은 안전입니다. 조그만 실수로 사람이 다치거나 죽을 수 있기 때문입니다. 따라서 엘리베이터 안에서 장난을 치거나 쾅쾅 뛰어서는 안 되며, 위급 상황이 발생했을 때에만 비상 단추를 누릅니다.

좁은 공간에 많은 사람들이 함께 타는 엘리베이터는 다른 사람에 대한 예절이 필요합니다. 지하철과 마찬가지로 사람들이 먼저 내린 뒤 탑니다. 또한 어른과 아이가 탈 때에는, 어른이 먼저 타고 내려야 합니다. 엘리베이터 안에다 쓰레기를 버리지 말아야 하며, 휴대 전화 통화나 대화는 엘리베이터에서 내린 뒤에 해야 한답니다.

엘리베이터 안에서 함께 있는 시간을 짧지만, 기본 예절에 대한 인상은 오래 남는답니다.

<table>
</table>

도전 시간	걸린 시간
00 분 20 초	분 초

창의사고력 기초 다지기 연상추리력 쏙~

다음 네 개의 그림 뒤에 이어질 그림을 찾아 보세요.

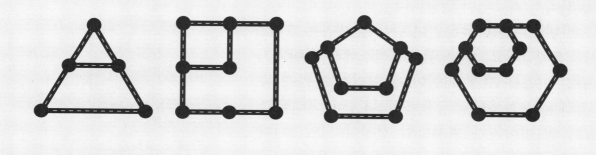

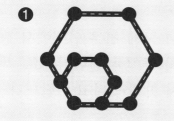
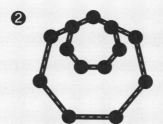
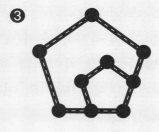

번

97

도전시간
5 분 20 초

걸린시간
분 초

● 오늘의 읽기 자료입니다. 잘 읽고 문제를 풀어 보세요.

　　밤하늘에 반짝이는 별들에게 처음 이름을 붙여 준 사람이 누구일까요?

　　아주 오래전 바빌로니아 지역에서 살던 칼데이안인들이랍니다. 그들은 넓은 초원을 이동하며 양 떼를 키우던 유목민이었어요. 초원에서 생활했던 그들은 밤하늘을 쳐다보며 별들에게 동물 이름을 지어주기 시작했는데, 이것이 별자리의 시작이었답니다. 5,000년 전에 만들어진 이 지역의 표석에는 양, 황소, 쌍둥이자리 등 20개의 별자리가 기록되어 있답니다.

　　바빌로니아의 유목민이 만든 별자리는 그리스로 전해졌어요. 별자리는 그리스에서 이야기가 담긴 이름을 갖게 되었어요. 그리스 신화에 등장하는 신과 영웅, 동물들의 이름이 더해졌고, 그들의 이야기가 별자리의 전설이 되었답니다. 1,800년 전 그리스의 천문학자인 프톨레마이오스는 '알마게스트' 란 책에서 48개의 별자리를 기록해 놓았어요.

　　현재 우리가 사용하는 별자리는 모두 88개예요. 1922년 국제 천문 연맹에서 정하였답니다. 각 지역마다 별자리를 부르는 이름이 서로 달라 무척 불편했거든요. 세월이 흐르면서 별자리의 이름은 변했어도 여전히 밤하늘에서 밝게 빛나고 있답니다.

①
핵심어 찾기

다음 낱말들이 위 글에서 몇 번씩 나왔는지 세어 보세요. 많이 나온 낱말이 위 글에서 가장 중요한 핵심어입니다.

문제 개수 2 개

맞은 개수 　개

틀린 개수 　개

별자리

천문학자

♥ 다음 보기를 이용해서 ❷~❸번 문제를 풀어 보세요.

보기
① 5,000년 전 만들어진
② 그리스의 천문학자 프톨레마이오스
③ 그리스 신화가 더해져 별자리의 전설이 탄생
④ 모두 88개
⑤ 바빌로니아 지역의 유목민들
⑥ 1922년 국제 천문 연맹

❷ 글의 짜임 그리기

다음은 위 글의 내용을 한눈에 볼 수 있도록 정리한 표입니다. 빈칸에 보기의 ①~⑥을 알맞게 넣어 표를 완성해 보세요.

별자리를 처음 만든 사람들은 ㉮ 이다. 5,000년 전 만들어진 이 지역의 표석에는 양, 황소 등 20개의 별자리가 기록되어 있다.

→

이들의 별자리는 그리스로 전해졌고, 그리스 신화가 더해져 별자리의 전설이 만들어졌다. 1800년 전 ㉯ 는 48개의 별자리를 기록했다.

→

현재 우리가 사용하는 별자리는 ㉰ 이다. 1922년 국제천문연맹에서는 정하였는데, 각 지역마다 별자리를 부르는 이름이 달라 불편했기 때문이다.

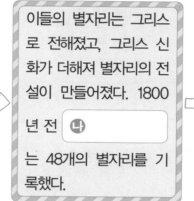
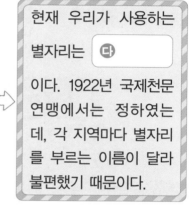

❸ 요약하기

다음은 위 글의 중심 내용을 요약한 것입니다. 빈칸에 보기의 ①~⑥을 알맞게 넣어 요약 글을 완성해 보세요.

아주 오래전 바빌로니아 지역의 유목민들은 별에게 동물 이름을 붙여 주었는데, 이것이 별자리의 시초이다. ㉮ 이 지역의 표석에는 양, 황소 등 20개의 별자리가 기록되어 있다. 이들의 별자리는 그리스로 전해졌고, ㉯ 했다. 1,800년 전 그리스의 천문학자 프톨레마이오스는 48개의 별자리를 기록했다. 현재 우리가 사용하는 별자리는 모두 88개로, ㉰ 에서 정한 것이다. 각 지역마다 별자리를 부르는 이름이 달라 불편했기 때문이다.

다음은 위 글의 제목 후보입니다. 먼저, 위 글의 제목으로 가장 알맞은 것을 골라 빈칸에 ○를 하세요. 그런 다음, 주어진 조건에 맞게 ×, △, □를 표시하세요. (단, ○는 딱 한 개만 고르세요.)

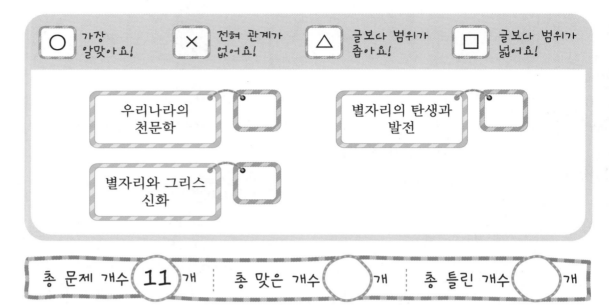

○ 가장 알맞아요!   × 전혀 관계가 없어요!   △ 글보다 범위가 좁아요!   □ 글보다 범위가 넓어요!

우리나라의 천문학 □

별자리의 탄생과 발전 □

별자리와 그리스 신화 □

총 문제 개수 11 개   총 맞은 개수 ◯ 개   총 틀린 개수 ◯ 개

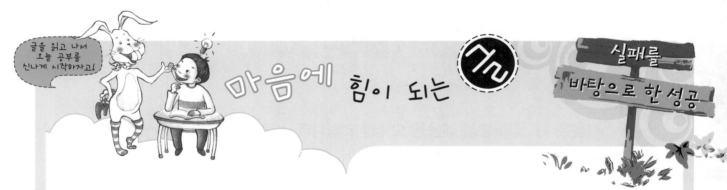

글을 읽고 나서 오늘 공부를 신나게 시작하자고!

마음에 힘이 되는 1분

실패를 바탕으로 한 성공

실패한 발명품으로 전혀 다른 새로운 발명품을 만들어 냈는데, 바로 '포스트 잇'이 그 주인 공이랍니다. 1970년, 3M에서 일하던 스펜서 실버는 강력한 접착제를 발명 중이었어요. 하지만 아주 이상한 접착제가 만들어지고 말았답니다. 접착력이 약하고 끈적이지 않는 접착제였어요. 실버의 접착제는 실패한 발명품이 되고 말았답니다. 하지만 3년 뒤 실패한 접착제는 '포스트 잇'이란 새로운 발명품으로 재탄생하게 되었어요. 같은 연구소의 아서 프라이는 책에 꽂아두는 종이가 자꾸 빠져서 귀찮았어요. 그러다가 실버의 접착제가 생각났어요. 프라이는 연구를 거듭하여, 결국 쉽게 붙이고 뗄 수 있는 '포스트 잇'을 발명해 냈답니다.

여러분도 어떤 일에 실패했다고 실망하지 마세요. 실패를 바탕으로 다시 새로운 일에 도전해 보세요. 틀림없이 성공할 수 있을 테니까요.

23 회

도전 시간
00 분 15 초

걸린 시간
분 초

창의사고력 기초 다지기   판단능력 쑥~

다음 그림을 오른쪽으로 뒤집으면 어떻게 될까요?

CLASSIC :) ➜ ?

① ')(: ƆISSAⅬƆ'

② '): CISSAⅬƆ'

③ '(: ƆISSAⅬƆ'

번

도전시간

| 6 분 | 10 초 |

걸린시간

| 분 | 초 |

● 오늘의 읽기 자료입니다. 잘 읽고 아래 문제들을 풀어 보세요.

연구원 : 별 축제에 오신 걸 환영해요. 우리 조상들은 옛날부터 별을 관측했어요.

김아름 : 알아요. 경주에 첨성대가 있어요. 신라 시대의 천문대래요.

연구원 : 똑똑한 친구군요. 백제는 일본의 천문대를 만드는데 도움을 주었어요. 고구려 벽화에는 해와 달, 별이 그려져 있는데, 하늘에 관심이 많았다는 증거랍니다.

김아름 : 고려 시대에도 개성의 만월대에 첨성대가 있었어요.

연구원 : 맞아요. 서운관이라는 관청에서는 천문 관측과 연구 등을 했지요.

김아름 : 만 원짜리 뒤에 나오는 혼천의는 조선 시대에 별을 관측하는 기구예요.

연구원 : 오호! 제법인데요. 그럼, 그 뒤의 배경이 무엇인지도 알고 있겠네요?

김아름 : 헉! 그건 잘 모르는데요.

연구원 : 별자리 지도인 천상열차분야지도예요. 그 밖에도 조선 시대에는 별자리를 새겨 놓은 혼상, 해시계인 앙부일귀 등 천문 과학 기술이 많이 발전했어요. 특히 시간을 계산하는 방법을 담은 칠정산이란 책은 아주 유명하지요. 일 년과 한 달의 계산법이 너무나 정확해서 오늘날의 과학자들도 깜짝 놀라니까요.

김아름 : 아! 너무나도 자랑스러워요. 만 원짜리 영원히 간직할래요.

①핵심어 찾기

다음 낱말들 중에 위 글에 나온 낱말이 있으면 빈칸에 동그라미 하세요. 동그라미한 낱말들이 위 글의 주제와 관련된 핵심어입니다.

문제 개수 7 개

맞은 개수 ⬚ 개

틀린 개수 ⬚ 개

첨성대	일식	신라	혼천의	만월대	고구려 벽화	은하수

♥ 다음 보기 를 이용해서 ❷~❸번 문제를 풀어 보세요.

보기
① 고려 시대
② 일본 첨성대에 큰 도움을 준 백제
③ 별자리 지도인 천상열차분야지도
④ 별 관측기구인 혼천의
⑤ 해와 달, 별이 그려진 고구려 벽화
⑥ 개성의 만월대

❷
글의 짜임
그리기

다음은 위 글의 내용을 한눈에 볼 수 있도록 정리한 표입니다. 빈칸에 보기 의 ①~⑥을 알맞게 넣어 표를 완성해 보세요.

문제 개수 4 개

맞은
개수 ⬭ 개

틀린
개수 ⬭ 개

별을 관측한 우리 조상들

삼국 시대	㉮	조선 시대
신라의 첨성대	㉯	㉰
일본 첨성대에 도움을 준 백제	하늘을 관찰하는 기관인 서운관	별자리 지도인 천상열차분야지도
㉱		시간 계산법을 담은 칠정산

❸
요약
하기

다음은 위 글의 중심 내용을 요약한 것입니다. 빈칸에 보기 의 ①~⑥을 알맞게 넣어 요약 글을 완성해 보세요.

문제 개수 2 개

맞은
개수 ⬭ 개

틀린
개수 ⬭ 개

우리 조상들은 옛날부터 별을 관측했다. 신라의 첨성대, ㉮ ▢ , 해 · 달 · 별이 그려진 고구려 벽화를 보면 이를 알 수 있다. 고려 시대에도 개성에 만월대를 세우고 서운관이라는 기관을 두어 하늘을 관찰했다. 조선 시대에도 천문학은 이어졌다. 별 관측기구인 혼천의, ㉯ ▢ , 시간 계산법을 담은 칠정산 등은 조선 시대의 천문 과학 기술의 수준이 매우 높음을 알려 주는 소중한 자료이다.

다음은 위 글의 제목 후보입니다. 먼저, 위 글의 제목으로 가장 알맞은 것을 골라 빈칸에 ○를 하세요. 그런 다음, 주어진 조건에 맞게 ×, △, □를 표시하세요. (단, ○는 딱 한 개만 고르세요.)

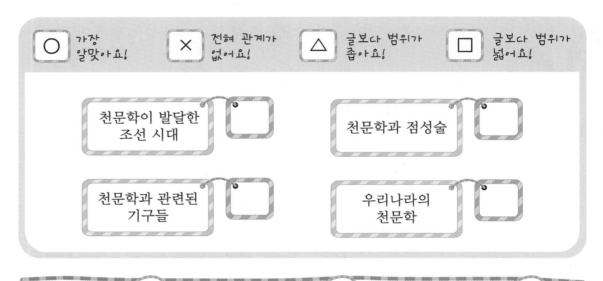

○ 가장 알맞아요! × 전혀 관계가 없어요! △ 글보다 범위가 좁아요! □ 글보다 범위가 넓어요!

천문학이 발달한 조선 시대 ⬜

천문학과 점성술 ⬜

천문학과 관련된 기구들 ⬜

우리나라의 천문학 ⬜

총 문제 개수 ⟨17⟩ 개   총 맞은 개수 ◯ 개   총 틀린 개수 ◯ 개

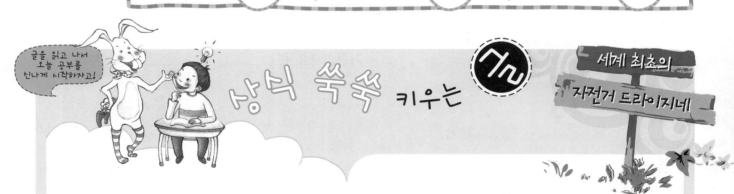

글을 읽고 나서 오늘 공부를 신나게 시작하자고!

상식 쑥쑥 키우는

세계 최초의 자전거 드라이지네

'드라이지네'를 아시나요? 세계 최초의 자전거예요. 1813년, 독일의 칼 폰 드라이스 남작이 만들었답니다. 나무로 만든 몸체와 나무 바퀴에 안장과 손잡이도 달려 있는 '드라이지네'는 오늘날 우리가 타는 자전거와 닮았어요. 하지만 달리는 방법은 전혀 다르답니다. 페달을 돌려 움직이는 것이 아니라 발로 땅바닥을 힘껏 차야만 달릴 수 있었습니다.

'드라이지네'는 독일보다 프랑스와 영국에서 더 큰 인기를 끌었어요. 파리에서 '드라이지네'를 타는 사람들을 쉽게 찾을 수 있었고, 영국에서는 드라이지네 타는 법을 가르쳐 주는 곳까지 생겨날 정도였답니다. '드라이지네'라는 이름도 프랑스에서 얻은 거랍니다.

그러나 드라이지네의 인기는 그리 오래가지 못했어요. 타는 것이 재미나기는 했지만, 울퉁불퉁한 길 때문에 엉덩이가 너무 아팠거든요. 사람들은 불편한 점을 조금씩 고쳐 나갔고, 결국 오늘날의 자전거가 탄생하게 되었답니다.

머리 풀어 주는 퍼즐

도전 시간
00 분 20 초

걸린 시간
분 초

창의사고력 기초 다지기 정보처리능력 쑥~

세 개의 모양이 다음 순서대로 이어지고 있습니다. ?에 올 그림은 무엇일까요?

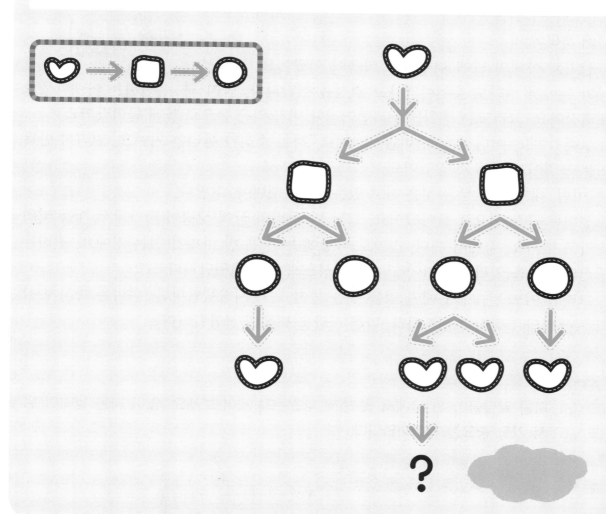

빠르고 정확하게 읽기

● 오늘의 읽기 자료입니다. 잘 읽고 문제를 풀어 보세요.

옛날에 성품이 바르고 마음씨가 고운 선비가 있었어요. 그는 재물에 커다란 욕심이 없어서, 그저 하루를 지낼 먹을 거리만 있으면 충분하다고 생각했지요. 어느 날, 선비는 아내의 한숨 소리를 듣게 되었어요.

"에고, 이 일을 어쩐다. 쌀이 한 톨도 없네. 저녁을 어떻게 하나?"

선비는 아내의 말에 너무나도 마음이 아팠어요. 그래서 남의 논에서 벼라도 훔쳐야겠다고 결심을 했답니다. 밤이 되자, 선비는 아랫마을로 내려갔어요. 그리고는 주위를 두리번거리다 벼가 익은 논으로 몰래 들어갔어요.

그때였어요. 어디선가 "선비님, 안 돼요."하는 소리가 들리는 거예요. 멀리서 반짝이는 샛별이 말하는 것 같았어요.

"이런, 내가 지금 무슨 짓을 하고 있는 거지? 샛별아, 고맙다."

선비는 곧장 집으로 돌아왔어요. 그날 밤 선비의 꿈에 샛별이 나타나서 개를 키워 달라고 했어요. 꿈에서 깨니, 정말로 마당에 누런 개 한 마리가 있는 거예요. 선비는 자신의 잘못을 일러준 샛별이 고마워 정성스레 개를 키웠답니다.

그러던 어느 날, 개가 매일 먹을 것을 물어 오기 시작했답니다. 선비는 착하게 살라는 샛별의 부탁이라 생각하고, 다른 사람을 도우며 살았답니다.

❶ 핵심어 찾기

다음 낱말들이 위 글에서 몇 번씩 나왔는지 세어 보세요. 많이 나온 낱말이 위 글에서 가장 중요한 핵심어입니다.

문제 개수 2 개

맞은 개수 ◯ 개

틀린 개수 ◯ 개

욕심	샛별

106

♥ 다음 보기를 이용해서 ❷~❸번 문제를 풀어 보세요.

보기
① 먹을 쌀
② 마음씨 곱고 욕심이 없는
③ 자신의 잘못을 일깨워 준 샛별
④ 샛별의 소리
⑤ 개를 키워달라고 부탁했고
⑥ 다른 사람을 도우며
⑦ 샛별을 고마워 하며
⑧ 먹을 것을 물어 오기 시작

❷ 글의 짜임 그리기

문제 개수 4 개

맞은 개수 ⬚ 개
틀린 개수 ⬚ 개

다음은 위 글의 내용을 한눈에 볼 수 있도록 정리한 표입니다. 빈칸에 보기의 ①~⑧을 알맞게 넣어 표를 완성해 보세요.

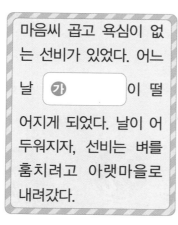

마음씨 곱고 욕심이 없는 선비가 있었다. 어느 날 [가] 이 떨어지게 되었다. 날이 어두워지자, 선비는 벼를 훔치려고 아랫마을로 내려갔다.

⇨

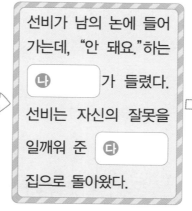

선비가 남의 논에 들어가는데, "안 돼요."하는 [나] 가 들렸다. 선비는 자신의 잘못을 일깨워 준 [다] 집으로 돌아왔다.

⇨

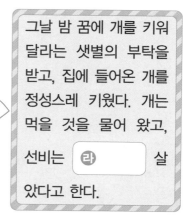

그날 밤 꿈에 개를 키워달라는 샛별의 부탁을 받고, 집에 들어온 개를 정성스레 키웠다. 개는 먹을 것을 물어 왔고, 선비는 [라] 살았다고 한다.

❸ 요약 하기

문제 개수 4 개

맞은 개수 ⬚ 개
틀린 개수 ⬚ 개

다음은 위 글의 중심 내용을 요약한 것입니다. 빈칸에 보기의 ①~⑧을 알맞게 넣어 요약 글을 완성해 보세요.

옛날에 [가] 선비가 있었다. 어느 날 쌀이 떨어지고 말았다. 날이 어두워지자, 선비는 벼를 훔치기 위해 아랫마을로 내려갔다. 선비가 남의 논에 들어가는데 "안 돼요."하는 샛별의 소리가 들렸다. 선비는 [나] 을 고마워하며 돌아왔다. 그날 밤, 샛별은 꿈에 나타나 [다] , 선비는 집에 들어온 개를 정성스레 키웠다. 어느 날 개가 [라] 했고, 선비는 다른 사람을 도우며 살았다고 한다.

다음은 위 글에 가장 어울리는 제목을 지어 보는 과정입니다. 보기에 주어진 낱말을 이용해서 제목을 달아 보세요.

문제 개수 1개

맞은 개수 □ 개

틀린 개수 □ 개

보기   샛별   준   선비의   잘못을   일깨워

총 문제 개수 11 개 │ 총 맞은 개수 ◯ 개 │ 총 틀린 개수 ◯ 개

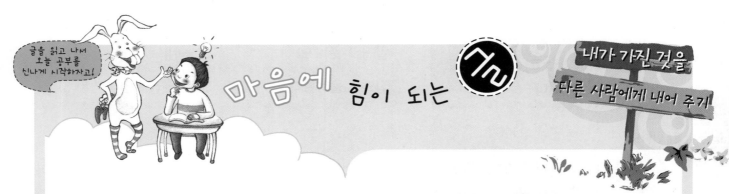

글을 읽고 나서 오늘 공부를 신나게 시작하자고!

마음에 힘이 되는 글

내가 가진 것을 다른 사람에게 내어 주기

어떤 사람이 기차에 올라타려는 순간, 그만 신발 한 짝이 벗겨져서 플랫폼 바닥에 떨어졌답니다. 이미 기차가 움직이고 있었기 때문에 떨어진 신발을 주울 수도 없었어요. 그 사람은 얼른 나머지 신발을 벗더니, 떨어진 신발이 있는 플랫폼으로 던졌답니다.

곁에 있던 이가, "왜 나머지 신발을 던지는 거예요?"하고 물었답니다. 그러자 그 사람은 "신발 한 쪽으로는 아무 쓸모가 없잖아요. 만약 가난한 사람이 신발을 주웠다면 얼마나 속상하겠어요. 그러니 나머지 신발도 한 짝도 함께 주어야지요."라고 했답니다.

나머지 신발 한 짝도 가난한 사람들을 위해 내어 주던 사람이 바로 간디랍니다.

내가 가진 것을 다른 사람에게 내어 줄 수 있는 마음은 참 아름답습니다. 하지만 이 마음이 어느 날 갑자기 생겨나는 건 아니에요. 생활 속에서 자꾸만 연습해야 한답니다. 맛있는 과자도 친구와 나누어 먹고 준비물도 나누어 쓰다 보면, 더 큰 나눔도 실천할 수 있답니다.

공부를 시작할 때도 준비운동이 필요하다고! 하나둘 하나둘

도전 시간	걸린 시간
00 분 30 초	분 초

창의사고력 기초 다지기   계산 능력   쓱~

보기 처럼 더해서 10이 되는 수 세 개씩을 묶어 보세요. 단, 숫자는 나란히 있어야 합니다.

보기

1+2+7=10

① ② ⑦

2	2	3	5	1	2	3	4
3	5	7	4	2	4	9	8
7	6	2	2	7	2	4	5
3	4	4	7	1	2	3	6

● 오늘의 읽기 자료입니다. 잘 읽고 문제를 풀어 보세요.

오존 주의보가 내려졌으니 되도록 외출을 하지 말라는 방송을 가끔 들은 적이 있을 거예요. 오존은 지구를 감싸고 있는 공기층인 대기의 가장 윗부분을 말해요. 아주 두꺼운 층으로, 태양으로부터 들어오는 해로운 자외선을 막아 주는 고마운 역할을 하지요.

하지만 오존이 우리에게 피해를 주기도 해요. 우리가 생활하고 있는 대류권의 오존 농도가 높아지면, 눈에 자극을 주고 기침이 나기도 해요. 또 농작물의 수확량도 줄어든답니다. 따라서 대류권의 오존 농도를 알려 주는 오존 경보제가 필요하지요. 특히 노약자, 어린이, 호흡기 질환자에게는 더 중요해요.

오존 경보제에는 오존 주의보, 오존 경보, 오존 중대 경보가 있어요. 오존 주의보는 오존 농도가 0.12피피엠(ppm)인 경우 발령되는데, 실외 활동을 되도록 하지 말아야 해요. 호흡기에 자극을 주어 기침과 눈물이 날 수 있기 때문이에요. 오존 농도가 0.3ppm이 넘으면 오존 경보예요. 운동 중에 폐 기능이 떨어지는 피해를 입을 수 있어요. 오존 경보가 발령되면, 되도록 자동차 운행을 줄여야 해요. 오존 농도가 0.5ppm이상이 되면 마른기침, 가슴 통증을 경고하는 오존 중대 경보를 발령해요. 이때는 무조건 자동차를 사용하면 안 된답니다. 오존 경보제에 따른 대처 방법을 잘 지킨다면, 오존으로 생기는 피해를 줄일 수 있을 거예요.

**①
핵심어
찾기**

다음은 위 글과 관련된 낱말들입니다. 가장 넓은 뜻을 지닌 단어를 찾아 ✔하세요.
표시한 낱말이 위 글에서 가장 중요한 핵심어입니다.

문제 개수 **1** 개

맞은
개수 ⬚ 개

틀린
개수 ⬚ 개

☐ 오존 주의보　　☐ 오존 경보　　☐ 오존 경보제　　☐ 오존 중대 경보

110

♥ 다음 보기를 이용해서 ❷~❸번 문제를 풀어 보세요.

보기
① 운동 중 폐 기능이 떨어짐
② 오존 주의보
③ 오존 농도가 0.12ppm
④ 오존 농도가 높아짐에 따라
⑤ 오존 경보
⑥ 기침과 눈물이 발생할 수 있으며
⑦ 자동차 운행을 무조건 하지 말아야 한다.
⑧ 오존 중대 경보

❷
글의 짜임
그리기

문제 개수 4 개

맞은
개수　　　개

틀린
개수　　　개

다음은 위 글의 내용을 한눈에 볼 수 있도록 정리한 표입니다. 빈칸에 보기의 ①~⑧을 알맞게 넣어 표를 완성해 보세요.

오존 경보제		
필요성	㉮ 　　　　　　　　　　 발생하는 피해를 줄이기 위해	
발령 단계	㉯	오존 경보	㉰
오존 농도	0.12ppm	0.3ppm	0.5ppm
피해	기침과 눈물 발생	㉱	마른기침, 가슴 통증
행동 요령	되도록 실외 활동 안하기	자동차 운행 줄이기	무조건 자동차 운행 안하기

❸
요약
하기

문제 개수 4 개

맞은
개수　　　개

틀린
개수　　　개

다음은 위 글의 중심 내용을 요약한 것입니다. 빈칸에 보기의 ①~⑧을 알맞게 넣어 요약 글을 완성해 보세요.

　　오존 경보제는 오존 농도가 높아져서 발생하는 피해를 줄이기 위한 제도로, 오존 농도에 따라 오존 주의보, 오존 경보, 오존 중대 경보로 나눈다.
㉮ 　　　　　　 인 경우 오존 주의보를 발령한다. ㉯ 　　　　　　　　,
실외 활동을 하지 말아야 한다. 오존 농도가 0.3ppm이 넘으면 ㉰ 　　　　
이다. 운동 중에 폐기능이 떨어질 수 있으며, 자동차 운행을 줄여야 한다. 오존 농도가 0.5ppm이 넘으면 오존 중대 경보를 발령한다. 마른기침, 가슴 통증을 일으키며 ㉱

다음은 위 글의 제목 후보입니다. 먼저, 위 글의 제목으로 가장 알맞은 것을 골라 빈칸에 ○를 하세요. 그런 다음, 주어진 조건에 맞게 ×, △, □를 표시하세요. (단, ○는 딱 한 개만 고르세요.)

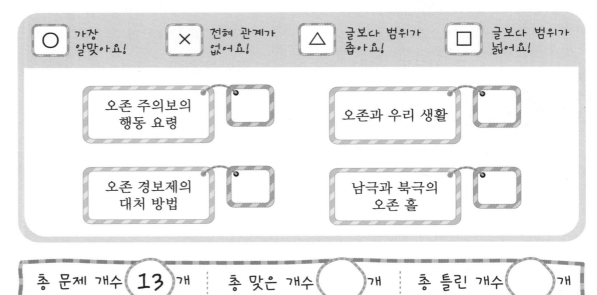

○ 가장 알맞아요!   × 전혀 관계가 없어요!   △ 글보다 범위가 좁아요!   □ 글보다 범위가 넓어요!

오존 주의보의 행동 요령 ⃞

오존과 우리 생활 ⃞

오존 경보제의 대처 방법 ⃞

남극과 북극의 오존 홀 ⃞

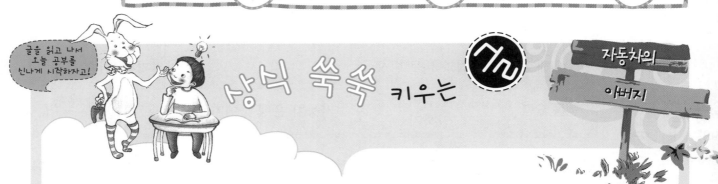

상식 쑥쑥 키우는 72

글을 읽고 나서 오늘 공부를 신나게 시작하자고!

자동차의 아버지

'내가 먼저야!', '아니야! 내가 먼저라니까!'

무엇 때문에 다투고 있는 걸까요? 바로 최초의 휘발유 자동차를 두고 누가 먼저인지 따지는 거랍니다. 휘발유를 사용한 자동차는 1885년에 처음 등장했어요. 독일의 고들리프 다임러는 마차에 휘발유 엔진을 얹은 바퀴 4개의 자동차를 만들었습니다. 한 해 뒤인 1886년, 독일의 칼 벤츠도 휘발유 엔진을 사용한 3개의 바퀴가 달린 자동차를 만들었어요. 비록 칼 벤츠가 고들리프 다임러보다 1년 늦게 만들었지만, 먼저 특허를 얻었기 때문에 칼 벤츠의 자동차를 세계 최초의 휘발유 자동차로 인정한답니다.

그런데 두 사람은 무척 가까운 곳에 살았다고 합니다. 하지만 서로 같은 연구를 하는지는 전혀 몰랐대요. 그리고 누가 먼저인지로 다투기는커녕 1926년 '다임러-벤츠'라는 자동차 회사를 함께 만들었답니다. 유명한 자동차인 메르세데스 벤츠를 만든 이 회사는 가장 오래된 자동차 회사랍니다. 사람들은 다임러와 벤츠 모두를 자동차의 아버지라고 부른답니다.

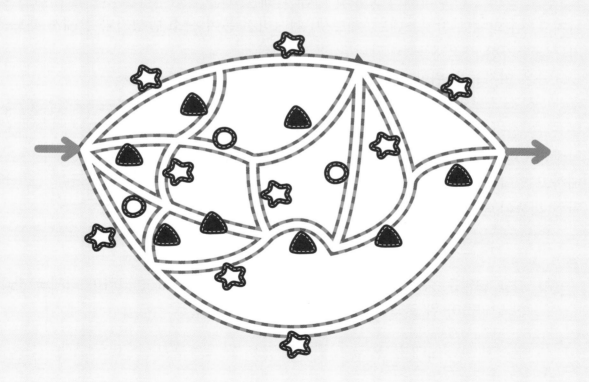

머리 풀어 주는 퍼즐

도전 시간	걸린 시간
00 분 20 초	분 초

창의사고력 기초 다지기) 주의집중력 쑥~

다음 모양 순서대로 길을 따라 나와 보세요.

도전시간

| 5 분 | 40 초 |

걸린시간

| 분 | 초 |

● 오늘의 읽기 자료입니다. 잘 읽고 문제를 풀어 보세요.

"히말라야 산소 캔 하나만 주세요."

미래에나 있을 법한 이야기라고요? 아니에요. 바로 우리 생활 주변에 산소와 관련된 상품들이 곳곳에 있답니다.

가장 대표적인 것이 공기 청정기예요. 대기 오염이 심해지자 사람들은 실내 공기를 깨끗하게 걸러서 마시고 싶어 해요. 더군다나 건강에 관한 관심이 높아지면서 그 욕구는 더 커져 갔지요. 그래서 등장한 것이 공기 청정기예요. 공기 청정기는 실내 공기를 걸러주기 때문에 우리가 깨끗한 공기를 마실 수 있도록 해 준답니다.

공기 청정기처럼 산소 공급을 위한 가전제품으로는 냉난방기, 가습기 등이 있어요. 산소 발생기를 부착해서 고유의 기능 외에 산소를 발생시키는 기능을 추가한 것이지요. 이 외에도 전기스탠드, 헤드셋, 텔레비전 등이 산소 발생기와 합해져 새로운 기능을 추가한 가전제품들이랍니다.

요즘은 여자들을 위한 산소 스프레이도 등장했어요. 운동 후, 이 산소 스프레이를 얼굴에 확 뿌려 보세요. 맑은 공기를 담은 산소 캔도 실제로 판매하고 있어요. 그 밖에도 화장품이나 음료수에 산소를 넣은 제품들도 개발되어 판매하고 있답니다. 대기오염이 심각해질수록 더 많은 산소 관련 제품이 쏟아질 것으로 예상됩니다.

①
핵심어 찾기

다음 낱말들 중에 위 글에 나온 낱말이 있으면 빈칸에 동그라미 하세요. 동그라미한 낱말들이 위 글의 주제와 관련된 핵심어입니다.

문제 개수 **6** 개

맞은 개수 ◯ 개

틀린 개수 ◯ 개

산소 발생기	대기 오염	공기 청정기	산소 호흡기	산소 스프레이	산소 과자

114

♥ 다음 보기를 이용해서 ❷~❸번 문제를 풀어 보세요.

보기 ① 대기 오염이 심각해질수록   ② 얼굴에 뿌리는 산소 스프레이
      ③ 실내 공기를 깨끗하게 해주는 공기 청정기   ④ 가전 제품
      ⑤ 산소 발생기   ⑥ 더 많은 산소 관련 제품

❷ 글의 짜임 그리기

다음은 위 글의 내용을 한눈에 볼 수 있도록 정리한 표입니다. 빈칸에 보기의 ①~⑥을 알맞게 넣어 표를 완성해 보세요.

문제 개수 **4** 개

맞은 개수 ⬜ 개

틀린 개수 ⬜ 개

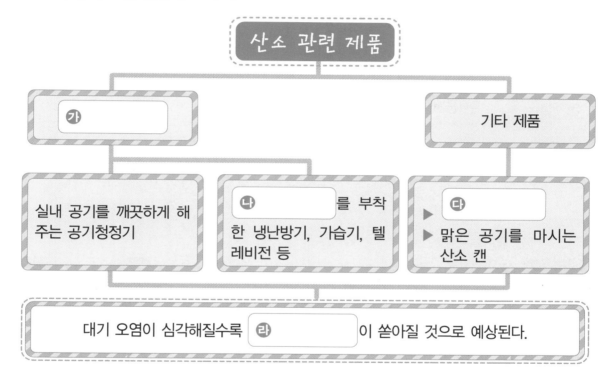

❸ 요약 하기

다음은 위 글의 중심 내용을 요약한 것입니다. 빈칸에 보기의 ①~⑥을 알맞게 넣어 요약 글을 완성해 보세요.

문제 개수 **2** 개

맞은 개수 ⬜ 개

틀린 개수 ⬜ 개

우리 생활 주변에는 산소 관련 제품이 많다. 공기 청정기가 대표적인 제품이다. ㉮ ⬜ 처럼 산소 발생기를 부착한 냉난방기, 가습기, 텔레비전 등 산소 관련 가전 제품이 개발되었다. 또한 운동 후 얼굴에 뿌리는 산소 스프레이, 맑은 공기를 마실 수 있는 산소 캔 등 다양한 제품이 등장하고 있다. ㉯ ⬜ 산소 관련 제품이 더 많이 쏟아질 것으로 예상된다.

다음은 위 글에 가장 어울리는 제목을 찾는 과정입니다. 서로 관계 있는 것끼리 줄로 이으세요.

대기 오염과 산소 관련 제품 ★　　　　★ 이 글의 제목으로 딱 좋아!

공기 청정기와 대기 오염 ★　　　　★ 범위가 너무 좁아!

산소 스프레이 사용법 ★　　　　★ 범위가 너무 넓어!

대기 오염과 신제품 ★　　　　★ 이 글과 상관없는 제목이야!

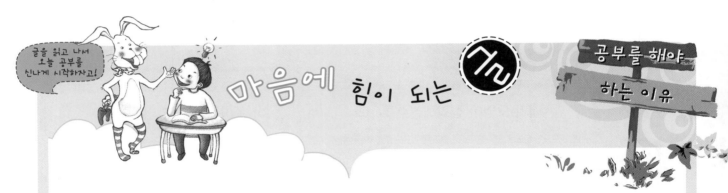

마음에 힘이 되는 글

글을 읽고 나서 오늘 공부를 신나게 시작하자고!

공부를 해야 하는 이유

아마도 여러분이 가장 듣기 싫어하는 말은 "공부해!"일 거예요. 하지만 공부를 왜 해야 하는지 알게 된다면, 공부를 소홀하게 여기지 않을 거예요.

공부는 지식과 지혜를 가져다주고, 자신감을 심어 준답니다. 공부를 하면서 지금껏 모르는 것을 알게 되고, 자연스럽게 자신감이 생겨나게 된답니다.

또한 공부는 꿈을 키워 주지요. 세상에 대해 많이 알수록 내가 정말 어떤 일을 하고 싶은지 알게 되거든요.

공부가 좋은 사람은 거의 없어요. 그러나 공부를 해야 하는 이유를 알았으니까 열심히 해 보세요. 지식과 지혜, 그리고 자신감이 쑥쑥 커지고, 여러분의 꿈을 찾아낼 수 있을 거예요.

27회

머리 풀어 주는 퍼즐

공부를 시작할 때도
준비운동이 필요하다고!
하나둘 하나둘

도전 시간	걸린 시간
00 분 20 초	분 초

창의사고력 기초 다지기 연상추리력 쑥~

규칙을 잘 생각해 보고 빈칸에 올 그림을 찾아 보세요.

2	7	4	9	8	3	5	6
☺	☹	☺	☹	☺	☹	☹	?

❶  ❷  ❸

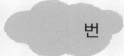
번

117

빠르고 **정확**하게 읽기

속독　정독

● 오늘의 읽기 자료입니다. 잘 읽고 문제를 풀어 보세요.

안녕?

난 기상청의 귀염둥이, 기상이야. 오늘은 봄의 불청객 황사의 정체를 밝혀 줄게.

중국과 몽골에 있는 사막의 모래와 흙먼지가 우리나라까지 날아와 떨어지는 걸 황사 현상이라고 한단다. 황사 현상은 아주 오래전부터 있었어. 1800년 전 신라에 '흙가루가 비처럼 떨어졌다.' 는 기록이 있으니까 말이야. 옛날엔 황사를 '흙비' 라고 불렀어.

아주 작은 먼지로 된 황사는 중금속과 발암 물질이 포함되어 있단다. 인체에 나쁜 영향을 주지. 기관지염과 눈병, 콧병 등의 원인이 되거든. 농작물의 숨구멍을 막아 버려서 성장을 방해하기도 해. 그리고 자동차와 건물에 흙먼지가 쌓여서 보기에도 나쁘고, 항공기 등의 전자 장비가 이상을 일으킬 수도 있어. 게다가 파란 하늘을 황갈색으로 뿌옇게 만들어 버리지.

그러니까 황사로 피해를 입지 않기 위해서는 철저하게 대비를 해야 해. 황사가 오면 되도록 실외 활동이나 외출을 하지 말고, 밖에서 들어오면 옷을 털고 세수를 꼭 해야 한단다. 황사 먼지가 들어오지 못하도록 창문도 닫고, 빨래도 집 안에 널고, 청소도 자주 하고 말이야.

어때, 어떤 황사가 오더라도 끄떡없겠지? 모두들 올봄은 건강하게 보내야 해!

①
핵심어 찾기

다음 문장의 빈칸에 알맞은 낱말을 적어 보세요. 빈칸에 들어갈 낱말이 위 글에서 가장 중요한 핵심어입니다.

문제 개수 **1** 개

맞은 개수 　 개

틀린 개수 　 개

　　　　　　　 이란 중국과 몽골에 있는 사막의 모래와 흙먼지가 우리나라까지 날아와 떨어지는 것으로, 옛날에는 '흙비' 라고 불렀다.

♥ 다음 [보기]를 이용해서 ❷~❸번 문제를 풀어 보세요.

[보기]
① 실내 창문을 닫아야 하며
② 숨구멍을 막아 성장을 방해
③ 항공기 등
④ 되도록 실외 활동을 하지 않으며
⑤ 아주 작은 먼지로 되어 있고
⑥ 중금속과 발암 물질이 포함됨

❷ 글의 짜임 그리기

다음은 위 글의 내용을 한눈에 볼 수 있도록 정리한 표입니다. 빈칸에 [보기]의 ①~⑥을 알맞게 넣어 표를 완성해 보세요.

문제 개수 4 개

맞은 개수 ___ 개

틀린 개수 ___ 개

황사 현상		
뜻	중국과 몽골에 있는 사막의 모래와 흙먼지가 우리나라까지 날아와 떨어지는 현상	
구성	아주 작은 먼지로 되어 있고 ㉮	
피해 상황	사람	기관지염과 눈병, 콧병 등의 원인
	농작물	㉯
	㉰	먼지로 인해 전자 장비 이상을 일으킴
대비 방법	▶ ㉱ , 외출 후에는 세수를 한다.	
	▶ 실내 창문을 닫아야 하고, 청소를 자주 한다.	

❸ 요약 하기

다음은 위 글의 중심 내용을 요약한 것입니다. 빈칸에 [보기]의 ①~⑥을 알맞게 넣어 요약 글을 완성해 보세요.

문제 개수 2 개

맞은 개수 ___ 개

틀린 개수 ___ 개

　　황사 현상이란 중국과 몽골에 있는 사막의 모래와 흙먼지가 우리나라까지 날아와 떨어지는 것을 말한다. ㉮ 　　　　　　 중금속과 발암 물질이 포함되어 여러 가지 피해를 준다. 기관지염과 눈병, 콧병 등의 원인이 되고, 농작물의 성장을 방해하며, 항공기 등의 전자 장비에 이상을 일으키기도 한다. 따라서 황사의 피해를 줄이기 위해서는 되도록 실외 활동을 하지 않으며, 외출 후에는 세수를 한다. 또한 ㉯ 　　　　　　 청소를 자주 한다.

다음은 위 글의 제목 후보입니다. 먼저, 위 글의 제목으로 가장 알맞은 것을 골라 빈칸에 ○를 하세요. 그런 다음, 주어진 조건에 맞게 ×, △, □를 표시하세요. (단, ○는 딱 한 개만 고르세요.)

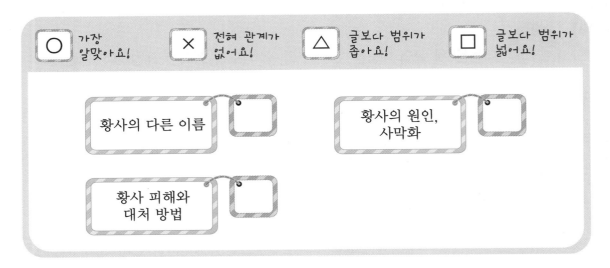

○ 가장 알맞아요! × 전혀 관계가 없어요! △ 글보다 범위가 좁아요! □ 글보다 범위가 넓어요!

황사의 다른 이름 ⬜

황사의 원인, 사막화 ⬜

황사 피해와 대처 방법 ⬜

총 문제 개수 ◯ 개   총 맞은 개수 ◯ 개   총 틀린 개수 ◯ 개

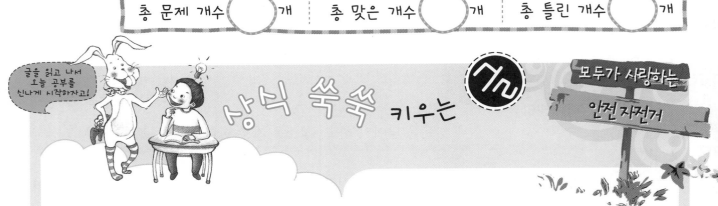

상식 쑥쑥 키우는

모두가 사랑하는 안전 자전거

글을 읽고 나서 오늘 공부를 신나게 시작하자고!

1813년 칼 폰 드라이스 남작이 '드라이지네'라는 최초의 자전거를 개발한 뒤 사람들은 계속 새로운 자전거를 만들어요. 프랑스의 삐에르 미쇼는 '드라이지네'에 페달을 달아 '벨로시페드(빠른 발)'를 만들었는데, 드라이지네보다 빨리 달릴 수 있었어요. 사람들은 '벨로시페드'를 자전거 경주를 즐기기 위해 실내 체육관에서 타기 시작했답니다.

사람들은 '벨로시페드'보다 더 빠른 자전거를 타고 싶었어요. 그래서 등장한 것이 '빅휠'이랍니다. 커다란 바퀴라는 뜻의 '빅휠'은 영국의 제임스 스탈리가 만들었는데, 커다란 앞바퀴와 작은 뒷바퀴가 속도를 높여 주었어요. 큰 앞바퀴 덕분에 속도는 빨라졌지만 무척 위험했어요. '빅휠'은 주로 젊은 남자들이 탔고, 여자들은 어른용 세발자전거를 탔습니다. 이후, '안전 자전거'가 개발되자 여자들도 마음껏 자전거를 탈 수 있었어요. 톱니바퀴와 체인이 달린 '안전 자전거'는 두 바퀴의 크기가 똑같은 크기로 작아졌거든요. 안전 자전거의 등장으로 남녀노소 모두 자전거와 친하게 되었답니다.

창의사고력 기초 다지기 판단능력 쑥~

보기의 도형이 되려면 어떤 모양과 어떤 모양이 필요할까요?

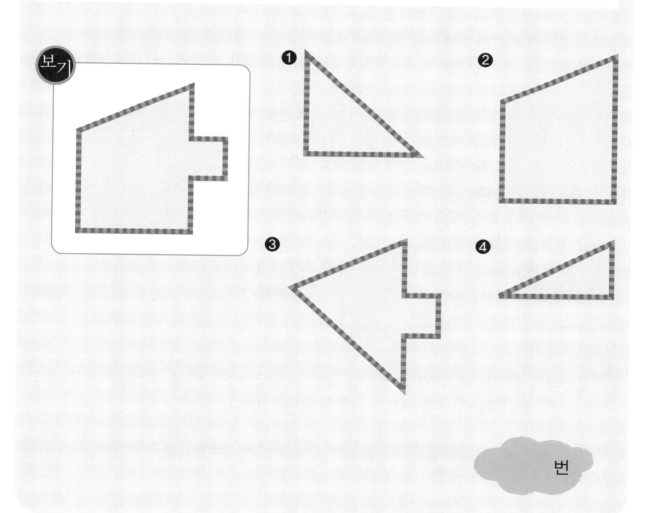

번

● 오늘의 읽기 자료입니다. 잘 읽고 문제를 풀어 보세요.

"아빠! 저기 시멘트 담까지 달리기다!"

"저건 담이 아니라 베를린 장벽이야."

용준이는 이상했습니다. 베를린 장벽이 왜 청계천에 있  는지 말이에요. 아빠는 한반도의 통일을 기원하며 독일 베 를린 시에서 장벽을 보내 준거라고 말했어요. 그리고 독일 도 우리나라처럼 분단국가였는데, 1989년 통일을 이루었다고 설명해 주었지요.

"한쪽은 깨끗하고, 한쪽은 낙서투성이고. 이런 소중한 장벽에 누가 낙서를 한 거 야?"

"아이고! 낙서라니! 가족에 대한 그리움과 통일을 바라는 마음을 담은 글이야. 장 벽에 다가갈 수 있었던 서독 사람들이 적은 것이지."

용준이는 왜 통일을 해야 하는지 궁금해졌어요.

"우선 남한과 북한은 언어와 역사가 같은 한민족이기 때문이야. 그리고 이산가족 의 슬픔을 하루빨리 해결해야만 하지. 만약 통일이 되면 남한과 북한은 함께 더욱 강한 국가를 만들 수 있어."

용준이도 베를린 장벽에 마음으로 소망을 적었어요.

'평양에 있는 어린이들과 친구가 되어 함께 놀고 싶어요.'

①
핵심어 찾기

다음 낱말들 중에 위 글에 나온 낱말이 있으면 빈칸에 동그라미 하세요. 동그라미 한 낱말들이 위 글의 주제와 관련된 핵심어입니다.

문제 개수 **7** 개

맞은 개 개수

틀린 개 개수

한민족	통일	예멘	독일	이산가족	베를린 장벽	금강산

♥ 다음 보기를 이용해서 ❷~❸번 문제를 풀어 보세요.

보기 ① 이산가족의 슬픔을 하루빨리 해결해야 한다.   ② 독일의 베를린 시
      ③ 한반도의 통일을 기원하기 위해   ④ 베를린 장벽
      ⑤ 남한과 북한은 언어와 역사가 같은 한민족이다.

문제 개수 3 개

맞은
개수 ⬜ 개

틀린
개수 ⬜ 개

다음은 위 글의 내용을 한눈에 볼 수 있도록 정리한 표입니다. 빈칸에 보기의 ①~⑤를 알맞게 넣어 표를 완성해 보세요.

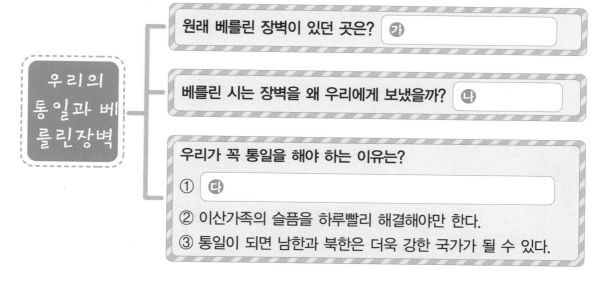

우리의 통일과 베를린장벽

원래 베를린 장벽이 있던 곳은? ㉮

베를린 시는 장벽을 왜 우리에게 보냈을까? ㉯

우리가 꼭 통일을 해야 하는 이유는?
① ㉰
② 이산가족의 슬픔을 하루빨리 해결해야만 한다.
③ 통일이 되면 남한과 북한은 더욱 강한 국가가 될 수 있다.

❸ 요약 하기

문제 개수 2 개

맞은
개수 ⬜ 개

틀린
개수 ⬜ 개

다음은 위 글의 중심 내용을 요약한 것입니다. 빈칸에 보기의 ①~⑤를 알맞게 넣어 요약 글을 완성해 보세요.

청계천에는 독일 통일의 상징인 ㉮ [   ] 이 놓여 있다. 이는 베를린 시에서 한반도의 통일을 기원하며 보낸 것이다. 그럼, 우리가 꼭 통일을 해야 하는 이유는 무엇일까? 첫째, 남한과 북한은 언어와 역사가 같은 한민족이다. 둘째, ㉯ [   ] 셋째, 통일이 되면 남한과 북한은 더욱 강한 국가가 될 수 있다. 우리도 독일처럼 하루빨리 통일을 이루어야 할 것이다.

④
제목
달기

다음은 위 글에 가장 어울리는 제목을 찾는 과정입니다. 서로 관계 있는 것끼리 줄로 이으세요.

분단국가 예멘의 통일 ★   ★ 이 글의 제목으로 딱 좋아!

독일의 베를린 장벽 ★   ★ 범위가 너무 좁아!

통일을 해야 하는 이유 ★   ★ 이 글과 상관없는 제목이야!

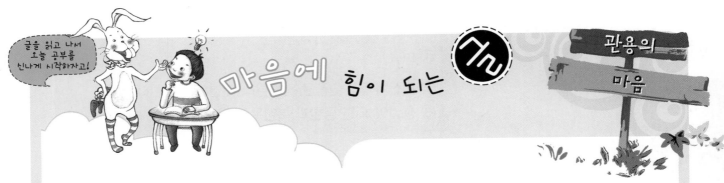

마음에 힘이 되는 72

관용의 마음

글을 읽고 나서 오늘 공부를 신나게 시작하자고!

　승기네 반에는 민기라는 얼굴색이 다른 친구가 있답니다. 민기의 엄마는 필리핀 사람이에요. 그래서 민기의 얼굴색은 다른 친구들보다 조금 더 검답니다. 맨 처음 승기네 반 친구들은 민기를 보고 '꺼멍이'라며 놀렸어요.

　하지만 지금은 너무나도 사이좋게 지낸답니다. 민기가 얼굴색만 다를 뿐 우리와 똑같다는 것을 알게 되었거든요. 한국말도 잘하고, 한글도 잘 쓰고, 김치도 잘 먹고, 제기차기도 잘하고 말이에요.

　승기네 반 친구들처럼 모든 사람을 친구로 받아들이는 마음을 관용이라고 한답니다. 피부색이 다르다거나, 다른 언어를 사용한다거나, 다른 종교를 믿는다는 이유로 미워하거나 무시해서는 절대 안 된답니다. 관용의 마음이 있어야 나와 다른 점들도 이해하고 받아들일 수 있답니다.

창의사고력 기초 다지기 정보처리능력 쑥~

다음 그림 속에 삼각형은 몇 개 들어 있을까요?

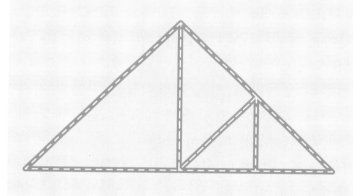

개

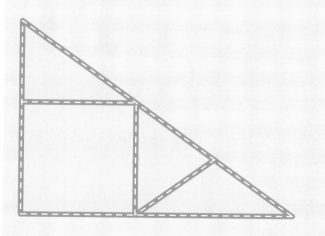

개

빠르고 정확하게 읽기

도전시간

| 5 분 | 40 초 |

걸린시간

| 분 | 초 |

● 오늘의 읽기 자료입니다. 잘 읽고 문제를 풀어 보세요.

5월 5일은 어린이날이에요. 어린이들이 가장 좋아하는 날이지요.

그럼 북한에도 어린이날이 있을까요? 2번이나 있어요. '국제아동절'과 '소년단 창립절'이 북한의 어린이날이랍니다. 우리의 어린이날처럼 공휴일은 아니지만 곳곳에서 어린이를 위한 행사를 연답니다.

'국제아동절'은 6월 1일이에요. 탁아소와 유치원에 다니는 어린이가 가장 기다리는 날이지요. 엄마랑 아빠를 탁아소와 유치원으로 초대해서 운동회도 하고 학예회도 연답니다. 공휴일이 아니기 때문에 엄마랑 아빠는 휴가나 조퇴를 받아서 참석을 하지요. 그리고 아이들과 함께 즐거운 하루를 보내요.

'소년단 창립절'은 6월 6일이에요. 남한의 초등학교 또래 어린이들을 위한 날이지요. 북한에서는 소학교 2학년이 되면, 누구나 소년단에 가입해야 해요. 소년단에 가입하면 중학교 3학년 때까지 계속 활동을 하게 된답니다. 따라서 모든 어린들은 6월 6일 열리는 입단식에 참가하고 체육 대회도 한답니다. 모범 소년단원으로 뽑히면 소년단 야영소에서 야영을 할 수도 있어요.

나이에 따라 '국제아동절'과 '소년단 창립절'로 나뉜 북한의 어린이날. 북한 어린이들에게는 명절 같은 날이랍니다.

❶ 핵심어 찾기

다음 낱말들 중에 위 글에 나온 낱말이 있으면 빈칸에 동그라미 하세요. 동그라미 한 낱말들이 위 글의 주제와 관련된 핵심어입니다.

문제 개수 6 개

맞은 개수 ⬡ 개

틀린 개수 ⬡ 개

어린이날	공휴일	국제아동절	6월 6일	소년단 창립절	북한

♥ 다음 보기를 이용해서 ❷~❸번 문제를 풀어 보세요.

보기
① 소학교에 다니는 어린이
② 6월 1일 국제아동절
③ 공휴일은 아니지만
④ 소년단 입단식에 참가하고 체육 대회를 한다.
⑤ 소년단 창립절
⑥ 탁아소와 유치원에 다니는 어린이를 위한 날

❷ 글의 짜임
그리기

다음은 위 글의 내용을 한눈에 볼 수 있도록 정리한 표입니다. 빈칸에 보기의 ①~⑥을 알맞게 넣어 표를 완성해 보세요.

문제 개수 4 개

맞은 개수 ◯ 개
틀린 개수 ◯ 개

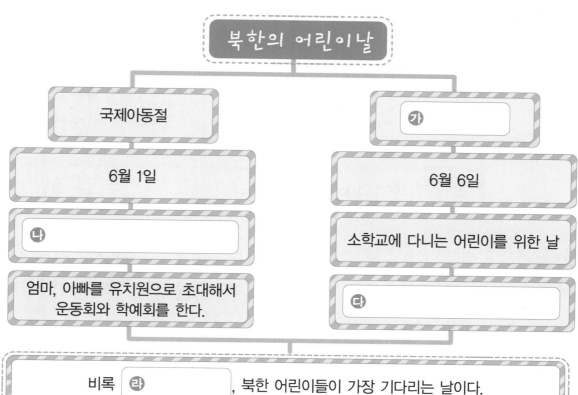

북한의 어린이날

국제아동절 → 6월 1일 → ㉯ → 엄마, 아빠를 유치원으로 초대해서 운동회와 학예회를 한다.

㉮ → 6월 6일 → 소학교에 다니는 어린이를 위한 날 → ㉰

비록 ㉱ , 북한 어린이들이 가장 기다리는 날이다.

❸ 요약
하기

다음은 위 글의 중심 내용을 요약한 것입니다. 빈칸에 보기의 ①~⑥을 알맞게 넣어 요약 글을 완성해 보세요.

문제 개수 2 개

맞은 개수 ◯ 개
틀린 개수 ◯ 개

북한에도 어린이날이 있다. ㉮ 은 탁아소와 유치원에 다니는 어린이를 위한 날이다. 부모님을 유치원으로 초대하여 운동회와 학예회를 한다. 6월 6일 소년단 창립절은 ㉯ 를 위한 날이다. 학생들은 소년단 입단식에 참가하고 체육 대회를 한다. 국제아동절과 소년단 창립절은 비록 공휴일은 아니지만 북한 어린이들이 가장 좋아하는 날이다.

다음은 위 글의 제목 후보입니다. 먼저, 위 글의 제목으로 가장 알맞은 것을 골라 빈칸에 ○를 하세요. 그런 다음, 주어진 조건에 맞게 ×, △, □를 표시하세요. (단, ○는 딱 한 개만 고르세요.)

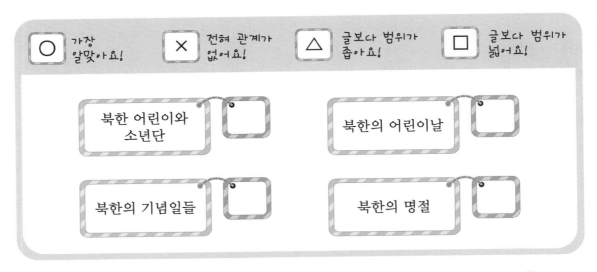

○ 가장 알맞아요! × 전혀 관계가 없어요! △ 글보다 범위가 좁아요! □ 글보다 범위가 넓어요!

북한 어린이와 소년단

북한의 어린이날

북한의 기념일들

북한의 명절

총 문제 개수 16 개   총 맞은 개수 ◯ 개   총 틀린 개수 ◯ 개

상식 쑥쑥 키우는

글을 읽고 나서 오늘 공부를 신나게 시작하자고!

탕뎀 택시 자전거 택시

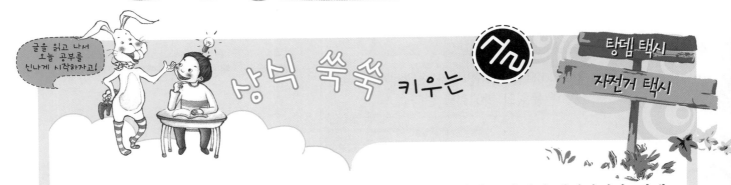

프랑스 파리에는 독특한 택시가 있답니다. '탕뎀 택시'로 불리는 자전거 택시랍니다. 탕뎀 택시는 2인승 자전거를 이용한 택시랍니다. 자전거 택시라고 하면 관광객을 위한 것으로 생각하기 쉬운데, 탕뎀 택시는 출퇴근 시간에 이용하는 영업용 택시랍니다. 뒷자리에 타는 손님도 의무적으로 자전거 페달을 밟아야 한다니, 건강에도 많은 도움이 될 듯 합니다.

파리 말고도 니옹과 니스에 자전거 택시가 있습니다. 주로 관광객을 대상으로한 택시지만, 일반 시민들도 자주 이용한답니다. 독일에도 '베로 택시'라고 불리는 자전거 택시가 있습니다. 자동차 도로와 보행자 지역을 모두 다닐 수 있기 때문에 교통 체증을 피할 수 있어 인기가 많답니다.

자전거 택시는 매연 등의 오염 물질을 배출하지도 않고, 화석 연료를 사용하지도 않습니다. 또한 속도가 느리기 때문에 주변을 둘러볼 수 있어서 인기가 좋답니다. 유럽 여행을 가면, 느림을 즐길 수 있는 자전거 택시를 꼭 타 보세요.

30회

머리 풀어 주는 퍼즐

도전 시간	걸린 시간
00 분 20 초	분 초

창의사고력 기초 다지기   계산능력 쑥~

다음 빈칸에 알맞은 숫자를 써 보세요.

$$\boxed{} + 21 = 29$$

$$\boxed{} + 35 = 47$$

$$\boxed{} + 19 = 34$$

빠르고 정확하게 읽기

도전시간
| 5 분 | 20 초 |

걸린시간
| 분 | 초 |

● 오늘의 읽기 자료입니다. 잘 읽고 문제를 풀어 보세요.

선생님 : 남북한의 언어 차이가 심해지고 있어요. 오랫동안 나뉘어져 있었기 때문이에요. 북한 어린이의 글을 읽고 남북한의 언어 차이에 대해 살펴보아요.

> 저녁 때 누이랑 뒷산에 올랐다. 캄캄한 하늘에 갑자기 별찌가 나타났다. 우리는 소원을 빌었다. 집에 오는 길에 달이 보였다. 얼레달이었다. 누이랑 나는 달을 보며 또 소원을 빌었다. 별찌도 보고 얼레달도 보고 소원도 빌고. 오늘은 참 운수 좋은 날이다.

한통일 : 선생님! 별찌가 뭐예요? 얼레달도 모르겠어요?

선생님 : 별찌는 별똥별이에요. 얼레달은 반달을 말해요. 그럼 보름달은 뭘까요?

한통일 : 둥근달? 쟁반달?

선생님 : 옹근달이라고 해요. 초승달과 그믐달은 갈구리달이라고 하지요.

한통일 : 너무 재미있어요. 다른 말도 가르쳐 주세요.

선생님 : 카스텔라는 설기과자, 캐러멜은 기름사탕, 녹차는 푸른차, 누룽지는 가마치라고 해요. 그럼, 라면은 뭐라고 할까요?

한통일 : 음. 꼬불꼬불 국수.

선생님 : 아깝다! 꼬부랑 국수예요.

한통일 : 아! 얼른 통일이 돼야겠어요. 안 그러면, 통역사가 있어야 할 것 같아요.

❶ 핵심어 찾기

다음 문장의 빈칸에 알맞은 낱말을 적어 보세요. 빈칸에 들어갈 낱말이 위 글에서 가장 중요한 핵심어입니다.

문제 개수 1 개

맞은 개수 ◯ 개

틀린 개수 ◯ 개

> 오랜 세월 나뉘어져 있어서 남한과 북한이 사용하는 말이 차이가 나타나는 것을 [   ]라고 한다.

130

♥ 다음 보기 를 이용해서 ❷～❸번 문제를 풀어 보세요.

보기
① 남북으로 오랫동안 분단되어 있기 때문
② 갈구리달
③ 통일을 이루어야 한다.
④ 꼬부랑 국수
⑤ 남한과 북한이 사용하는 말이
⑥ 카스텔라는 설기과자

❷ 글의 짜임 그리기

문제 개수 4 개

맞은 개수 ◯ 개

틀린 개수 ◯ 개

다음은 위 글의 내용을 한눈에 볼 수 있도록 정리한 표입니다. 빈칸에 보기 의 ①～⑥을 알맞게 넣어 표를 완성해 보세요.

남북한의 언어 차이				
뜻	㉮ 서로 차이가 나는 현상			
원인	㉯			
예		남	북	남	북
	자연	별똥별	별찌	반달	얼레달
		보름달	옹근달	초승달, 그믐달	㉰
	음식	카스텔라	설기과자	녹차	푸른차
		누룽지	가마치	라면	㉱

❸ 요약 하기

문제 개수 2 개

맞은 개수 ◯ 개

틀린 개수 ◯ 개

다음은 위 글의 중심 내용을 요약한 것입니다. 빈칸에 보기 의 ①～⑥을 알맞게 넣어 요약 글을 완성해 보세요.

　　남북한의 언어 차이가 점점 심해지고 있다. 이는 남북으로 오랫동안 분단되어 있기 때문이다. 남한의 별똥별을 북한에서 별찌라고 하는 것처럼, 반달은 얼레달, 보름달은 옹근달, 초승달과 그믐달은 갈구리달이라고 한다. 음식에 있어서도 언어 차이가 나타난다. ㉮ , 녹차는 푸른차, 누룽지는 가마치, 라면은 꼬부랑 국수라고 한다. 남북한의 언어 차이가 사라지기 위해서는 ㉯ .

다음은 위 글에 가장 어울리는 제목을 지어 보는 과정입니다. 보기 에 주어진 단어를 이용해서 제목을 달아 보세요.

보기   심해지는   언어차이   점점   남북한의

총 문제 개수 ⑧ 개   총 맞은 개수 ◯ 개   총 틀린 개수 ◯ 개

마음에 힘이 되는 글

아는 것이 힘이다.

'아는 것이 힘이다' 이란 말을 들어 본 적이 있을 거예요. 아는 게 많을수록, 세상을 살아가는 데 큰 도움이 된다는 의미랍니다.

지식은 나를 더욱 발전시키는 원동력이랍니다. 지식을 얻는 기쁨을 알아야, 더 큰 지식을 얻기 위해 노력을 할 수 있어요. 더 많은 지식을 얻기 위해서는 책을 많이 읽어야 해요. 책에는 이 세상의 모든 지식이 담겨 있으니까요. 또한 다양한 경험을 쌓아야 한답니다. 책 속의 지식만으로는 세상의 모든 지식을 알 수 없을 뿐더러, 때로는 몸으로 익히는 지식이 머리로 익히는 지식보다 더욱 소중하답니다.

지금부터 많은 책을 읽고 다양한 경험을 해 보세요. 여러분의 생각과 마음이 더욱 커지는 것을 느낄 수 있을 거예요.

01. 회 13쪽~16쪽

퍼즐 ❹

정답

 핵심어 찾기 ○, ○, ○, ×, ○

 글의 짜임 그리기
㉮-② 우리 몸무게의 $\frac{1}{5}$
㉯-④ 혈액을 만들고 부족한 칼슘을 보충
㉰-① 우유, 치즈, 멸치, 시금치

③ 요약 하기 ㉮-③ 몸의 내부 기관

④ 제목 달기

우리 몸의 뼈 ●————● 이 글의 제목으로 딱 좋아!

우리 몸의 혈액 ●————● 범위가 너무 좁아!

우리 몸의 뼈가 하는 일 ●————● 이 글과 상관없는 제목이야!

 해설

제시문 정리하기

제시문은 우리 몸의 뼈에 관해 소개하고 있습니다. 우리 몸의 뼈는 모두 206개입니다. 그 무게는 우리 몸무게의 $\frac{1}{5}$ 정도가 되지요. 뼈가 하는 일은 몸을 지탱하고 움직이게 하며, 몸의 내부 기관을 보호해 줍니다. 또한 혈액을 만들고 부족한 칼슘을 보충합니다. 뼈를 위해서는 칼슘과 비타민 D가 많이 들어있는 우유, 치즈, 멸치, 시금치를 먹어야 합니다.

④ 제목 달기

▶ **우리 몸의 뼈** : 제시문은 우리 몸의 뼈에 관해 여러 가지 면에서 소개하고 있습니다. 따라서 이 글의 제목으로 알맞습니다.

▶ **우리 몸의 혈액** : 제시문은 우리 몸의 혈액에 대해 소개하고 있지 않습니다. 따라서 이 글의 내용과는 전혀 관계가 없습니다.

▶ **우리 몸의 뼈가 하는 일** : 제시문은 우리 몸의 뼈가 하는 일에 대해 소개하고 있습니다. 하지만 글 내용의 일부분입니다. 따라서 이 글의 제목으로는 범위가 좁습니다.

02. 회 17쪽~20쪽

퍼즐 ❸

정답

 핵심어 찾기 5, 1, 1

 글의 짜임 그리기
㉮-① 손가락을 다시 붙이는 수술
㉯-④ 거머리 침의 하루딘과 마취 성분
㉰-② 의료용으로 키워진 거머리가 따로 있다.

③ 요약 하기 ㉮-③ 손가락이 썩어 버릴 수도 있는데

 제목 달기 의료 장치로 인정받은 거머리

해설

제시문 정리하기

제시문은 의료용 거머리를 소개한 글입니다. 피를 빨아 먹는 동물로만 여겨졌던 거머리가 병원에서 의료 장치로 이용되고 있습니다. 이용되는 분야는 손가락을 다시 붙이는 수술입니다. 수술 부위의 피가 돌지 않으면 손가락이 썩어 버릴 수도 있는데, 이때 거머리를 붙이면 거머리의 침에 있는 하루딘이 환자의 피를 굳지 않게 해 주며, 마취 성분은 환자의 고통을 덜 느끼게 해 줍니다. 그러나 아무 거머리나 이용해서는 안 됩니다. 반드시 의료용으로 키워진 거머리를 이용해야 한답니다.

④ 제목 달기

▶ **의료 장치로 인정받은 거머리** : 제시문은 손가락을 다시 붙이는 수술에 이용되는 의료용 거머리에 관해서 소개하고 있습니다. 따라서 주어진 낱말을 이용해서 제목을 만들면, '의료 장치로 인정받은 거머리' 가 알맞습니다.

03. 회 21쪽~24쪽

퍼즐 ❸

정답

 핵심어 찾기 ○, ○, ×, ○, ○

 글의 짜임 그리기
㉮-④ 매우 놀라서 겁이 났다.
㉯-② 용감한 기운을 만드는 곳
㉰-① 어떤 일에도 대범하게 행동한다.

③ 요약 하기 ㉮-③ '간담이 서늘하다.' 와 '간이 콩알만 해졌다.'

 제목 달기 ○, □, △, ×

해설

제시문 정리하기

제시문은 속담 속 '간'의 의미를 살펴보는 글입니다. 우리 속담에는 '간'이 들어가는 말이 많습니다. '간이 크다.'와 '간이 부었다.'는 겁이 없이 대담하다는 뜻이고, '간담

이 서늘하다.'와 '간이 콩알만 해졌다.'는 매우 놀라서 겁이 났다는 뜻입니다. 이처럼 속담에서 '간'의 의미는 겁과 용기를 갖는데, 한의학의 영향을 받았기 때문입니다. 한의학에서는 '간'이 용감한 기운을 만드는 곳으로 보고, '장군'이라고 부릅니다. 따라서 간의 기운이 충분하면 어떤 일에도 대범하게 행동한다고 생각한답니다.

④ **제목 달기**

▶ **속담 속 간의 의미** : 제시문은 우리 속담에 등장하는 '간'의 의미를 살펴보고 있습니다. 따라서 이 글의 제목으로 알맞습니다.

▶ **한의학과 우리 몸** : 제시문은 속담에서 간이 갖는 '용기'의 의미를 살펴보고, 이를 한의학과 연결 지어 생각해 보고 있습니다. 그러므로 이 글의 제목으로 범위가 너무 넓습니다.

▶ **튼튼한 간과 용기** : 제시문은 한의학에서 '간'이 튼튼하면 용기가 많다고 본다고 소개하고 있지만, 글 내용의 일부입니다. 따라서 이 글의 제목으로 범위가 너무 좁습니다.

▶ **간을 보호하는 음식** : 제시문은 속담과 간에 대해 이야기하고 있지만, 간을 보호하는 음식에 대해서는 나와 있지 않습니다. 그러므로 이 글의 내용과는 상관이 없는 제목입니다.

① **핵심어 찾기** 갯벌

② **글의 짜임 그리기** ㉮-② 펄 갯벌
㉯-④ 태안 갯벌
㉰-① 펄이랑 모래가 섞인 갯벌

③ **요약 하기** ㉮-⑤ 썰물 때에는 육지로, 밀물 때에는 바다로
㉯-③ 바지락과 맛조개가 산다.

㉰-⑥ 혼합 갯벌

④ **제목 달기** ✕, △, ○

제시문 정리하기

제시문은 갯벌에 관한 이야기 형식의 글입니다. 갯벌은 바닷가에 있는 지형으로, 썰물 때에는 육지로 밀물 때에는 바다로 변하는 곳입니다. 그 종류에는 펄 갯벌, 모래 갯벌, 혼합 갯벌이 있습니다. 펄 갯벌은 진흙으로 된 갯벌로 낙지랑 소라가 살며, 대표적으로 무안 갯벌이 있습니다. 모래 갯벌은 모래로 된 갯벌로 태안 갯벌이 유명하며, 바지락과 맛조개가 삽니다. 혼합 갯벌은 펄이랑 모래가 섞인 갯벌로 서해안 해수욕장이 있습니다.

④ **제목 달기**

▶ **갯벌의 중요성** : 제시문은 갯벌이란 무엇이고 그 종류에는 무엇이 있는지 살펴보는 글입니다. 따라서 이 글의 내용과는 관계가 없습니다.

▶ **갯벌에 사는 생물** : 제시문은 갯벌의 종류에 따라 살고 있는 생물을 소개하고 있습니다. 하지만 글 내용의 일부입니다. 따라서 이 글의 제목으로는 범위가 좁습니다.

▶ **갯벌의 종류** : 제시문은 바닷가의 독특한 지형인 갯벌의 종류에 대해 소개하고 있습니다. 그러므로 이 글의 제목으로 가장 알맞습니다.

9	②	7	5	13	1
11	1	5	3	⑥	7
④	3	9	11	9	1
3	7	④	3	5	3
9	5	1	7	②	1

18

① **핵심어 찾기** ○, ○, ✕, ○, ○, ✕, ○

② **글의 짜임 그리기** ㉮-① 어민들 생계의 터전
㉯-⑥ 바다 생물의 보금자리
㉰-④ 문화 체험의 장소
㉱-② 국립 공원으로 지정하고, 휴식년제를 실시

③ **요약 하기** ㉮-⑤ 철새들의 휴식처
㉯-③ 오염 물질을 걸러주는 자연의 콩팥

④ **제목 달기**

제시문 정리하기

제시문은 갯벌이 주는 여러 가지 이로움에 대해 소개한 글입니다. 갯벌은 인간과 자연에게 이로움을 줍니다. 어민들에게 생계의 터전이 되며, 다양한 먹을거리를 제공하고, 축제와 체험 등 문화 체험의 장소가 됩니다. 또한 갯벌은 바다 생물의 보금자리이며, 철새들의 휴식처입니다. 오염 물질을 걸러 주는 자연의 콩팥이며 자연재해를 막아주는 방패역할도 합니다. 이렇게 소중한 갯벌을 지키기 위해 갯벌을 국립 공원으로 지정하고 휴식년제를 실시하는 등 다양한 노력이 필요합니다.

④ **제목 달기**

▶ **갯벌을 망치는 갯벌 체험** : 제시문은 갯벌 체험에 대하여 소개하고 있지 않습니다. 따라서 이 글의 내용과는 관계가 없습니다.

▶ **자연의 콩팥, 갯벌** : 제시문은 갯벌을 오염 물질을 걸러주는 자연의 콩팥이라고 소개합니다. 하지만 글 내용의 일부이므로 이 글의 제목으로는 범위가 좁습니다.

▶ **갯벌이 주는 이로움** : 제시문은 갯벌이 주는 여러 가지 이로움에 대해 소개하고 있으므로, 이 글의 제목으로 가장 알맞습니다.

 ②

1 핵심어 찾기 물영아리 오름

2 글의 짜임 그리기
카-② 람사르 습지로 지정
나-③ 우리나라에 하나뿐인 분화구형 습지이다.
다-① 멸종 위기에 처한 식물들이 살고 있다.

3 요약 하기 카-④ 사전 예약제

4 제목 달기 자연의 모습을 간직한 습지, 물영아리 오름

해설

제시문 정리하기

제시문은 람사르 습지로 지정된 물영아리 오름에 관한 일기문입니다. 물영아리 오름은 우리나라에 하나밖에 없는 분화구형 습지입니다. 자연 그대로의 모습을 간직하고 있으며, 멸종 위기에 처한 다양한 식물들이 살고 있습니다. 따라서 사전 예약제 등을 통해 물영아리 오름이 훼손당하지 않도록 지켜야 합니다.

4 제목 달기

▶ **자연의 모습을 간직한 습지, 물영아리 오름** : 제시문은 우리나라 유일의 분화구형 습지인 물영아리 오름에 대해 소개하고 있습니다. 따라서 주어진 낱말로 만들 수 있는 가장 알맞은 제목은 '자연의 모습을 간직한 습지, 물영아리 오름' 입니다.

 ③

1 핵심어 찾기 ○, ○, ○, ×, ○

2 글의 짜임 그리기
카-① 이인성
나-⑥ 이성에 대한 관심은 당연하다.
다-④ 바른 행동을 하려고 노력한다.
라-⑤ 용돈을 많이 쓴다.

3 요약 하기
카-③ 상대방에 대한 배려심
나-② 동성 친구에게 소홀해지는 경향

4 제목 달기 △, □, ○. ×

제시문 정리하기

제시문은 '초등학생의 이성 친구 사귀기'에 대해서 친구들이 의견을 나눈 글입니다. 이성 친구를 사귀는 것에 대한 의견은 늘 찬성과 반대로 나뉩니다. 찬성하는 사람들의 주장은 이성에 대한 관심은 당연한 것이라고 주장합니다. 또한 상대방에 대한 배려심이 커지고, 바른 행동을 하려고 노력하며 공부도 열심히 한다고 말합니다. 반면, 반대하는 사람들은 공부에 도움이 되기보다는 방해가 되고 시간을 많이 빼앗긴다고 말합니다. 또한 선물을 사기 위해 용돈을 많이 쓰게 되고, 동성 친구에게 소홀해지는 경향이 있다고 주장합니다.

4 제목 달기

▶ **이성 친구와 성적표** : 제시문은 초등학생의 이성 친구 사귀기에 대해서 어린이들이 이야기를 나눈 글입니다. 글 내용 중 이성 친구와 성적에 대한 부분은 일부분입니다. 따라서 이 글의 제목으로 범위가 좁습니다.

▶ **이성 친구 사귀기** : 제시문은 초등학생의 이성 친구 사귀기와 관련한 내용 중 찬반 의견을 담았습니다. 따라서 이 글의 제목으로 하기에는 범위가 너무 넓습니다.

▶ **이성 친구의 좋은 점과 나쁜 점** : 제시문은 초등학생이 이성 친구를 사귀는 것에 대해 좋은 점과 나쁜 점에 대해 이야기를 나누고 있으므로, 이 글의 제목으로 가장 알맞습니다.

▶ **이성 친구의 마음 사로잡기** : 제시문은 이성 친구 사귀는 것에 대한 찬반 의견을 소개하고 있을 뿐, 상대방의 마음을 사로잡는 법에 대해서는 이야기하고 있지 않습니다. 그러므로 이 글의 내용과는 전혀 관계가 없는 제목입니다.

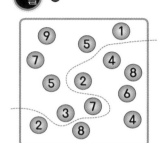

1 핵심어 찾기 ○, ○, ×, ○, ×, ○, ○

2 글의 짜임 그리기
카-① 부모님께 알리기
나-② 부담은 주지도 받지도 말기
다-⑤ 지나친 신체 접촉
라-⑥ 성별

3 요약 하기
카-③ 비싼 선물, 상처를 주는 말
나-④ 동성 친구를 사귀는 예절

4 제목 달기

동성 친구와 이성 친구의 차이점 ——— 이 글의 제목으로 딱 좋아!

부모님에게 상담하기 ——— 범위가 너무 좁아!

이성 친구를 사귈 때 필요한 예절 ——— 범위가 너무 넓어!

이성 친구과 선물 ——— 이 글과 상관없는 제목이야!

제시문 정리하기

제시문은 이성 친구를 사귈 때 필요한 예절에 대해 소개하고 있습니다. 첫째, 부모님께 이성 친구가 있다고 말을 하고, 때로는 부모님과 상담도 합니다. 둘째, 여러 친구들과 함께 만나면 다른 친구들과의 관계도 좋아집니다. 셋째, 비싼 선물, 상처를 주는 말 그리고 지나친 신체 접촉은 하지 않습니다. 그런데, 이성 친구에 대한 예절은 동성 친구를 사귀는 예절과 같습니다. 다만, 성별이 다른 친구를 배려해야 한다는 점이 다를 뿐이랍니다.

4 제목 달기

▶ **동성 친구와 이성 친구의 차이점** : 제시문은 이성 친구를 사귈 때 필요한 예절에 대해 소개하고 있습니다. 따라서 이 글의 내용과는 상관이 없는 제목입니다.

▶ **부모님에게 상담하기** : 제시문은 부모님에게 상담하는 내용을 이성 친구와 관련된 문제에만 집중해서 소개하고 있습니다. 따라서 이 글의 제목으로는 범위가 너무 넓습니다.

▶ **이성 친구를 사귈 때 필요한 예절** : 제시문은 이성 친구를 사귈 때 필요한 예절을 소개하고 있습니다. 따라서 이 글의 제목으로 가장 알맞습니다.

▶ **이성친구와 선물** : 제시문은 이성 친구를 사귈 때 피해야할 행동으로 지나친 선물을 꼽습니다. 하지만 소개하고 있는 예절의 전부는 아닙니다. 그러므로 이 글의 제목으로는 범위가 너무 좁습니다.

09회 45쪽~48쪽

퍼즐 콩 쥐 팥 쥐

정답

1 핵심어 찾기 ○○데이

2 글의 짜임 그리기 ㉮-① 좋게 생각한다.
㉯-③ 선물을 사기 위해

용돈을 너무 많이 쓰게 된다.
㉰-② 유래와 의미

3 요약 하기 ㉮-④ 기업이 더 많은 물건을 팔기 위해 만든 이벤트

4 제목 달기 □, ○, △, ×

 해설

제시문 정리하기

제시문은 초등학생 사이에서 유행하고 있는 '○○데이'에 대하여 자신의 생각을 주장한 글입니다. 일부 초등학생들은 자연스럽게 자신의 마음을 표현할 수 있다며 ○○데이를 좋게 생각합니다. 하지만 대부분의 학생들은 ○○데이에 대해 나쁘게 생각합니다. 선물을 사기 위해 용돈을 너무 많이 쓰게 된다는 것이지요. 게다가 ○○데이는 기업이 더 많은 물건을 팔기 위해 만든 이벤트입니다. 따라서 ○○데이의 유래와 의미를 살펴서 마음을 전하는 지혜가 필요합니다.

4 제목 달기

▶ **초등학생과 ○○데이** : 제시문은 초등학생 사이에서 유행하는 '○○데이'를 지혜롭게 보내자는 주장을 하는 글입니다. 따라서 이 글의 제목으로는 범위가 넓습니다.

▶ **지혜로운 ○○데이** : 제시문은 '○○데이'를 지혜롭게 보내기 위해서는 그 유래와 의미를 살펴서 마음을 전하자는 내용입니다. 따라서 이 글의 제목으로 알맞습니다.

▶ **마음을 전하는 ○○데이** : 제시문은 일부 학생들이 마음을 전할 수 있어 '○○데이'를 좋게 생각한다고 소개하고 있는데, 내용의 일부분입니다. 따라서 이 글의 제목으로는 범위가 좁습니다.

▶ **○○데이에 알맞은 선물** : 제시문은 초등학생과 '○○데이'에 대한 생각을 주장한 글입니다. 따라서 이 글의 내용과는 전혀 상관이 없습니다.

10회 49쪽~52쪽

퍼즐

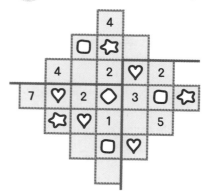

정답

1 핵심어 찾기 포테이토칩

2 글의 짜임 그리기 ㉮-② 1935년 미국 뉴욕의 한 레스토랑
㉯-③ 새로 나온 요리
㉰-① 포테이토칩

3 요약 하기 ㉮-④ 감자를 아주 얇게 썬 뒤 기름에 튀겨서

4 제목 달기 △, ○, ×, □

 해설

제시문 정리하기

제시문은 인기 있는 과자인 포테이토칩의 유래를 소개하는 글입니다. 포테이토칩은 1935년 미국 뉴욕의 한 레스토랑에서 처음 등장했습니다. 레스토랑은 괴짜 주방장으로 유명했는데, 손님이 음식에 대해 불평을 하면 도저히 먹을 수 없는 이상한 음식을 다시 만들어 주었습니다. 어느 날, 한 신사가 감자가 너무 두껍다며 불평을 하자 괴짜 주방장은 감자를 얇게 썰어 기름에 튀겨서 음식을 다시 만들었습니다. 신사는 다시 나온 음식이 너무 맛있다며 더 주문을 했답니다. 이 날 괴짜 주방장이 손님을 골탕 먹이려고 만든 음식이 바로 포테이토칩입니다. 이후, 포테이토칩의 소문은 전국으로 퍼졌고 많은 사람이 즐기게 되었습니다.

④ 제목 달기

▶ **유명한 괴짜 주방장** : 제시문은 포테이토칩을 만든 괴짜 주방장에 대해 소개하고 있지만, 글 내용의 일부입니다. 따라서 이 글의 제목으로는 범위가 좁습니다.

▶ **포테이토칩의 탄생** : 제시문은 포테이토칩이 만들어지게 된 배경에 대해 설명하고 있으므로 이 글의 제목으로 알맞습니다.

▶ **포테이토칩과 토마토케첩** : 제시문은 포테이토하면 떠오르는 토마토케첩에 관한 내용이 나와 있지 않습니다. 따라서 이 글과는 전혀 상관이 없는 제목입니다.

▶ **포테이토칩의 역사** : 제시문은 포테이토칩의 유래에 대해서만 소개하고 있을 뿐 어떻게 오늘날처럼 제과 공장에서 포테이토칩을 만들게 되었는지에 대해서는 나와 있지 않습니다. 그러므로 이 글의 제목으로는 범위가 넓습니다.

① **핵심어 찾기** ○, ×, ○, ○, ○, ×, ×

② **글의 짜임 그리기** ㉮-② 밀크 초콜릿, 콘플레이크
ㄴ-⑥ 냄비나 프라이팬에 담기
ㄷ-⑤ 중불에 올려
ㄹ-④ 철망을 통째로 냉동실에 넣기

③ **요약 하기** ㉮-① 콘플레이크를 넣고
ㄴ-③ 1시간 뒤 꺼내면

④ **제목 달기**

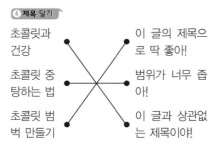

초콜릿과 건강 · · 이 글의 제목으로 딱 좋아!

초콜릿 중탕하는 법 · · 범위가 너무 좁아!

초콜릿 범벅 만들기 · · 이 글과 상관없는 제목이야!

해설

제시문 정리하기

제시문은 간단하게 만들 수 있는 초콜릿 과자인 '초콜릿 범벅'의 요리법을 소개하고 있습니다. '초콜릿 범벅'의 재료는 밀크 초콜릿, 콘플레이크, 평평한 철망, 알뜰 주걱입니다. 우선, 초콜릿을 잘게 부셔서 냄비나 프라이팬에 담은 뒤 중불에 올려 주걱으로 저어 가며 서서히 녹입니다. 다 녹은 초콜릿에 콘플레이크를 넣어 주걱으로 섞습니다. 그리고는 먹기 좋은 크기로 철망에 놓습니다. 마지막으로 철망을 통째로 냉동실에 넣고 1시간 뒤 꺼내면 '초콜릿 범벅'이 완성됩니다.

④ **제목 달기**

▶ **초콜릿과 건강** : 제시문은 초콜릿 과자를 만드는 요리법을 소개하는 글입니다. 따라서 이 글의 내용과는 전혀 상관이 없는 제목입니다.

▶ **초콜릿 중탕하는 법** : 제시문은 과자를 만들기 위해 초콜릿을 중탕하는 방법을 소개하고 있습니다. 하지만 이 글 내용의 일부입니다. 따라서 이 글의 제목으로는 범위가 좁습니다.

▶ **초콜릿 범벅 만들기** : 제시문은 초콜릿 범벅의 요리법을 소개하고 있습니다. 따라서 이 글의 제목으로 가장 알맞습니다.

 ❶ 2920, ❷ 192, ❸ 55

① **핵심어 찾기** 크레이지 메이커

② **글의 짜임 그리기** ㉮-② 아이스크림 회사의 회장 아들
ㄴ-⑥ 아이스크림이 죽음의 원인
ㄷ-③ 환경 운동가
ㄹ-⑤ 크레이지 메이커라고 비난하며

---

③ **요약 하기** ㉮-① 새로운 맛의 아이스크림
ㄴ-④ 아이스크림이 건강에 나쁜 영향

④ **제목 달기** ×, □, ○, △

해설

제시문 정리하기

제시문은 유명한 아이스크림 회사의 회장 아들인 존 로빈스의 이야기를 통해 크레이지 메이커에 대해 소개하고 있습니다. 존 로빈스의 어릴 적 꿈은 새로운 맛의 아이스크림을 개발하는 것이었습니다. 하지만 삼촌의 급작스런 죽음으로 인해 환경 운동가가 되었습니다. 그는 삼촌이 죽은 이유가 아이스크림 때문이라고 생각하고, 10년 동안 컬럼비아의 한 섬에서 지냈지요. 오늘날 그는 아버지의 회사를 크레이지 메이커로 비난하며, 아이스크림이 건강에 나쁜 영향을 미치고 있음을 사람들에게 알리고 있습니다.

④ **제목 달기**

▶ **건강에 좋은 아이스크림** : 제시문은 아이스크림 회사의 사장 아들에서 환경 운동가로 변신한 존 로빈스의 이야기를 소개한 글입니다. 따라서 이 글의 내용과는 전혀 상관이 없는 제목입니다.

▶ **크레이지 메이커의 예** : 제시문은 크레이지 메이커로 비난받는 아이스크림 회사를 소개하고 있습니다. 따라서 이 글의 제목으로는 범위가 너무 넓습니다.

▶ **크레이지 메이커와 환경 운동가** : 제시문은 아버지의 아이스크림 회사를 크레이지 메이커로 비난하는 환경 운동가의 이야기를 소개하고 있습니다. 따라서 이 글의 제목으로 가장 알맞습니다.

▶ **유명한 아이스크림 회사의 회장 아들** : 제시문은 유명한 아이스크림 회사의 회장 아들인 존 로빈스에 대해 소개하고 있지만, 글 내용의 일부분입니다. 따라서 이 글의 제목으로는 범위가 너무 좁습니다.

 21개

① 핵심어 찾기 ○, ✕, ○, ○, ✕, ○, ○

② 글의 짜임 그리기 ㉮-① 영국
㉯-② 밤·대추를 신부 치마폭에 던진다.
㉰-⑥ 낡은 접시를 깨뜨린다.
㉱-④ 신혼부부가 행복하게 살기를 바라는 마음

③ 요약 하기 ㉮-③ 행운을 비는 풍습
㉯-⑤ 굴뚝 청소부가 입을 맞추면

④ 제목 달기 □, △, ✕, ○

제시문 정리하기

제시문은 결혼식 날 신혼부부에게 행운을 비는 여러 나라의 풍습에 대해 소개하는 글입니다. 한국은 폐백 상에 기러기를 올려놓고, 밤·대추를 신부 치마폭에 던집니다. 독일은 결혼식 전날, 신혼부부 집 앞에서 낡은 접시를 깨뜨립니다. 영국은 결혼식 날 아침, 신부의 뺨에 굴뚝 청소부가 입을 맞추면 행운이 깃든다고 믿습니다. 나라마다 신혼부부의 행운을 비는 풍습은 다르지만, 신혼부부가 행복하게 살기를 바라는 마음은 모두 똑같습니다.

④ 제목 달기

▶ 행운을 비는 다양한 풍습 : 제시문은 행운을 비는 풍습 중에 결혼식 날 신혼부부를 위해 하는 풍습에 대해서만 소개하고 있습니다. 따라서 이 글의 제목으로는 범위가 넓습니다.

▶ 시끄러운 독일의 결혼식 : 제시문은 결혼식 전날, 낡은 접시를 깨뜨리는 독일의 풍습을 소개하고 있는데 글 내용에 있는 나라 중에 하나입니다. 따라서 이 글의 제목으로는 범위가 좁습니다.

▶ 아프리카의 결혼식 : 제시문은 아프리카의 결혼식에 대해서는 소개하고 있지 않습니다. 그러므로 이 글의 내용과는 전혀 상관이 없는 제목입니다.

▶ 다양한 결혼식 풍습 : 제시문은 결혼식 날 행운을 비는 여러 나라의 다양한 풍습에 대해 소개하고 있습니다. 그러므로 이 글의 제목으로 알맞습니다.

 3

① 핵심어 찾기 상여 놀이

② 글의 짜임 그리기 ㉮-② 마을 사람들과 함께 집에서
㉯-④ 밤새도록 춤도 추고 노래도 하며 노는
㉰-① 상여가 무덤으로 떠나고
㉱-⑤ 죽음은 끝이 아니라 원래 있던 곳으로 되돌아가는 것

③ 요약 하기 ㉮-③ 그 뒤를 만장이 따라간다.

④ 제목 달기

전통적인 장례 절차 ─── 이 글의 제목으로 딱 좋아!

슬픔을 이겨내는 상여놀이 ─── 범위가 너무 넓어!

어른이 되는 의식, 관례 ─── 이 글과 상관없는 제목이야!

제시문 정리하기

제시문은 옛날 장례 풍습 중 하나인 상여 놀이에 대해 소개하는 글입니다. 옛날에는 가족이 죽으면 마을 사람들과 함께 집에서 초상을 치렀습니다. 마지막 날, 가족과 마을 사람들은 밤새도록 춤도 추고 노래도 하며 노는 상여 놀이를 했습니다. 상여 놀이를 하다 날이 밝으면, 상여가 무덤으로 떠나고 그 뒤를 만장이 따라갔습니다. 슬픈 날 밤새도록 놀 수 있는 이유는 죽음이 끝이 아니라 원래 있었던 곳으로 되돌아가는 것이라고 생각했기 때문이랍니다.

④ 제목 달기

▶ 전통적인 장례 절차 : 제시문은 우리나라의 전통적 장례 절차의 하나인 상여 놀이에 대해 소개한 글입니다. 따라서 이 글의 제목으로는 범위가 넓습니다.

▶ 슬픔을 이겨내는 상여 놀이 : 제시문은 상여가 나가기 전, 가족들과 마을 사람들이 밤새도록 놀았던 상여 놀이를 소개하고 있으므로 이 글의 제목으로 알맞습니다.

▶ 어른이 되는 의식, 관례 : 제시문은 어른이 되는 의식인 관례에 대해서 소개하고 있지 않습니다. 따라서 이 글의 내용과는 전혀 상관이 없는 제목입니다.

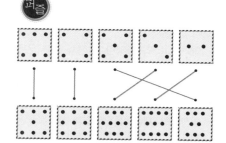

① 핵심어 찾기 돌잡이

② 글의 짜임 그리기 ㉮-② 첫 돌날 재미 삼아 하는 행사
㉯-③ 아이에게 아무거나 고르게 한다.
㉰-① 아이가 고른 물건으로 장래를 점친다.
㉱-⑥ 책

139

③ 요약 하기 📗-⑤ 오래오래 건강하게 산
다.
📙-④ 마이크와 마우스

④ 제목 달기 □, △, ×, ○

해설

제시문 정리하기

제시문은 돌잡이에 대해 소개하는 글입니
다. 돌잡이는 첫 돌날 재미 삼아 하는 행사
입니다. 돌잡이를 하려면, 우선 돌상에 여러
가지 물건을 차립니다. 그리고 돌쟁이에게
아무거나 고르게 한 후, 재미 삼아 아이의
미래를 점쳐 보는 것을 말합니다. 옛날에는
돌잡이 물건으로 주로 오래오래 건강하게
산다는 뜻의 국수, 공부를 잘한다는 의미의
책 등을 놓았습니다. 요즘에는 마이크와 마
우스 등을 준비해서 가수가 될지 프로게이
머가 될지를 점치기도 합니다.

④ 제목 달기

▶ **아이의 건강을 기원하는 돌잔치** : 제시문은
돌잔치에서 하는 돌잡이를 중심으로 소개
하고 있습니다. 따라서 이 글의 제목으로는
범위가 넓습니다.

▶ **새로운 돌잡이 물건들** : 제시문은. 요즘
돌잡이 물건으로 마우스와 마이크 등을
준비한다고 소개하고 있으나, 글 내용의
일부입니다. 따라서 이 글의 제목으로는
범위가 좁습니다.

▶ **여러 나라의 다양한 돌잔치** : 제시문은
우리나라의 돌잔치에 대해 소개하고 있
으므로, 이 글의 내용과는 전혀 상관이
없는 제목입니다.

▶ **돌잔치의 재미, 돌잡이** : 제시문은 돌잔
치에서 재미 삼아 하는 돌잡이에 대해
소개하고 있습니다. 따라서 이 글의 제목
으로 알맞습니다.

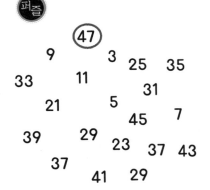

47
9   3   25   35
33   11
31
21   5
45   7
39   29
23   37 43
37
41   29

① 핵심어 찾기 ○, ○, ×, ○, ○, ○

② 글의 짜임 그리기 📗-⑤ 환경
📙-② 우주 비행선의 디
지털 영상 처리
기술
📘-③ 정수기, 전자레인지
📗-④ 우주 국제 정거장
의 재활용 시스템

③ 요약 하기 📗-⑥ 우주 탐사기술의 스핀
오프
📙-① 식수와 음식을 위해 개
발된 기술

④ 제목 달기 □, ×, △, ○

해설

제시문 정리하기

제시문은 우주 탐사와 스핀오프에 대해 소
개하는 글입니다. 스핀오프란 한 분야에서
특별한 목적으로 개발된 기술이 다른 분야
에도 사용되는 것을 말합니다. 우주 탐사 기
술은 다양한 분야에 쓰이고 있습니다. 의료
분야로는 우주 비행선의 디지털 영상 처리
기술을 이용한 MRI와 CT가 있습니다. 가정
에서 쓰이는 정수기와 전자레인지는 우주
비행사의 식수와 음식을 위해 개발된 기술
을 이용한 것입니다. 우주 국제 정거장의 재
활용 시스템을 이용한 재활용 시스템도 지
구 환경 지킴이로 큰 역할을 하고 있습니다.

④ 제목 달기

▶ **우주 탐사와 우리 생활** : 제시문은 우주
탐사가 우리 생활에 미치는 영향 중에서
스핀오프에 대해 소개하고 있습니다. 따라
서 이 글의 제목으로는 범위가 넓습니다.

▶ **해저 탐사 기술과 스핀오프** : 제시문은
우주 탐사와 스핀오프에 대해 소개하고
있으므로, 이 글의 내용과는 전혀 상관이
없는 제목입니다.

▶ **우주 국제 정거장의 생활** : 제시문은 우
주 국제 정거장의 생활을 위해 개발된
재활용 시스템에 대해 소개하고 있지만,
글 내용의 일부입니다. 따라서 이 글의
제목으로는 범위가 좁습니다.

▶ **생활에 이용되는 우주 탐사 기술** : 제시
문은 우주 탐사 기술이 우리 생활의 여
러 분야에 이용되고 있음을 소개하고 있
습니다. 따라서 이 글의 제목으로 가장
알맞습니다.

 2, 3

① 핵심어 찾기 KSVA-1, 과학 기술 위성 2호

② 글의 짜임 그리기 📗-② KSVA-1
📙-① 지구의 대기와 복
사 에너지 관측
📘-③ 우리 땅에서 우리
위성을 우리 발사체

③ 요약 하기 📗-④ 스페이스 클럽에 가입

④ 제목 달기 우리 땅에서 우리 위성을 우리
발사체로

제시문 정리하기

제시문은 KSVA-1과 과학 기술 위성 2호에
대하여 소개한 글입니다. 전남의 나로우주
센터에서는 KSVA-1 발사 준비로 정신이

없습니다. KSVA-1는 소형 위성 발사체라는 뜻으로, 인공위성을 우주로 쏘아 올리는 로켓입니다. KSVA-1에 실을 과학 기술 위성 2호는 지구의 대기와 복사 에너지를 관측하는 임무를 맡을 예정입니다. KSVA-1과 과학 기술 위성 2호의 발사는 의미가 큽니다. 우리 땅에서 우리 위성을 우리 발사체에 실어 우주로 보내는 역사적 사건이기 때문입니다. 이번 발사가 성공하면 세계 9번째로 스페이스 클럽에 가입하는 우주 선진국이 될 것입니다.

▣ **제목** 달기

▶ **우리 땅에서 우리 위성을 우리 발사체로** : 제시문은 나로우주센터에서 발사 준비가 한창인 KSVA-1과 과학 기술 위성 2호에 관한 내용입니다. 따라서 주어진 낱말을 이용해서 만든 가장 알맞은 제목은 '우리 땅에서 우리 위성을 우리 발사체로'가 알맞습니다.

① 핵심어 찾기 ○, ○, ✕, ○, ○, ○, ✕

② 글의 짜임 그리기
- ㉮-④ 샤워할 때
- ㉯-② 이동을 할 때
- ㉰-① 빨대가 있는 비닐 팩
- ㉱-⑤ 벽에 고정된 침낭

③ 요약 하기
- ㉮-⑥ 무중력 상태
- ㉯-③ 갈고리 신발을 신고 그물이 깔린 길

④ 제목 달기 △, ○, ✕

제시문 정리하기

제시문은 호텔 안내문으로 우주 정거장의 생활 규칙에 대해 소개하고 있습니다. 우주

정거장은 무중력 상태이므로 특별한 생활 규칙이 필요합니다. 음료를 마실 때에는 빨대가 있는 비닐 팩에 든 것만을 마셔야 합니다. 샤워를 할 때에는 물 쏘는 기계와 물을 빨아들이는 기계의 중간에 서서 해야 합니다. 그리고 벽에 고정된 침낭 안에서만 잠을 자야 합니다. 이동을 할 때에도 갈고리 신발을 신고 그물이 깔린 길로만 다녀야 한답니다.

▣ **제목** 달기

▶ **우주 비행사가의 물 마시는 법** : 제시문은 무중력 상태인 우주 정거장의 생활 규칙에 대해 소개하고 있는데, 물 마시는 법은 글 내용의 일부입니다. 따라서 이 글의 제목으로는 범위가 좁습니다.

▶ **우주 정거장에서의 생활** : 제시문은 무중력 상태인 우주 정거장에서의 생활을 소개하고 있습니다. 따라서 이 글의 제목으로 알맞습니다.

▶ **우주 정거장에서 하는 연구** : 제시문은 우주 정거장에서 하는 연구에 대해 소개하고 있지 않습니다. 그러므로 이 글의 내용과는 상관이 없는 제목입니다.

① 핵심어 찾기 ✕, ○, ○, ○, ○

② 글의 짜임 그리기
- ㉮-⑥ 엄마는 필리핀 사람
- ㉯-② 음식도 맞지 않았기 때문이다.
- ㉰-④ 매일 한글 학교에 다녔다.
- ㉱-① 경주를 알리는 통역사

③ 요약 하기
- ㉮-⑤ 말도 통하지 않고
- ㉯-③ 아빠의 보살핌

▣ **제목** 달기

제시문 정리하기

제시문은 경주에 사는 소현이의 편지글입니다. 소현이네 가족은 동네에서 유명합니다. 엄마가 필리핀 사람이기 때문입니다. 엄마랑 아빠는 필리핀에서 만났는데, 첫눈에 반해 결혼을 했습니다. 결혼 후, 한국에 도착한 엄마는 처음에 매우 힘들었습니다. 말도 통하지 않고 음식도 맞지 않았기 때문입니다. 하지만 소현이 엄마는 한글 학교에서 공부를 하면서 차츰 적응을 했습니다. 물론, 한글 학교에 매일 함께 다닌 아빠의 보살핌이 큰 도움이 되었습니다. 이제 소현이 엄마는 유치원 영어 선생님으로 일하고 있습니다. 그리고 외국 관광객에게 경주를 알리는 통역사가 되는 꿈을 키우고 있습니다.

▣ **제목** 달기

▶ **외국인 노동자의 고통** : 제시문은 다문화 가정인 소현이 가족의 이야기로, 글 내용에는 외국인 노동자의 고통에 대해 나와 있지 않습니다. 따라서 이 글의 내용과 전혀 상관없는 제목입니다.

▶ **우리 엄마의 꿈** : 제시문은 소현이 엄마의 꿈이 통역사라고 소개하고 있지만, 글 내용의 일부입니다. 그러므로 이 글의 제목으로는 범위가 좁습니다.

▶ **다양한 가족의 형태** : 제시문에 나온 소현이네는 다문화 가정으로 다양한 가족 형태 가운데 하나입니다. 따라서 이 글의 제목으로는 범위가 넓습니다.

▶ **필리핀 엄마와 가족 사랑** : 제시문은 필리핀에서 온 소현이 엄마가 가족의 사랑으로 어려움을 극복하는 과정을 소개하고 있습니다. 그러므로 이 글의 제목으로 알맞습니다.

 19

정답

1 핵심어 찾기 외국인 노동자

2 글의 짜임 그리기 ㉮-④ 월급을 제대로 받지 못했다.
㉯-① 손가락을 다쳤는데 제대로 치료를 받지 못했다.
㉰-② 봉제 공장

3 요약 하기 ㉮-③ 우즈베키스탄에서 온

4 제목 달기 □, ×, △, ○

제시문 정리하기

제시문은 외국인 노동자가 겪는 어려움에 대해서 우즈베키스탄에서 온 알리와 나눈 인터뷰입니다. 알리는 5년 전에 한국에 왔습니다. 그는 맨 처음 공사장에서 일을 했지만 월급을 받지 못했습니다. 그 뒤, 일한 가구 공장에서는 손가락을 다쳤는데 제대로 치료를 받을 수가 없었습니다. 지금 알리는 봉제 공장에서 일을 하는데, 무척 행복합니다. 기숙사에서 생활하고 기술에 따라 월급도 많이 받기 때문입니다. 알리의 꿈은 우즈베키스탄으로 돌아가 봉제 공장을 하는 것이랍니다.

4 제목 달기

▶ **외국인 노동자들이 겪는 어려움** : 제시문은 알리가 겪은 어려움을 소개하고 있습니다. 하지만 외국인 노동자들이 겪는 어려움이 모두 소개되어 있지 않으므로, 이 글의 제목으로는 범위가 넓습니다.

▶ **외국인 노동자들의 출신 국가** : 제시문은 우즈베키스탄에서 온 알리를 통해 외국인 노동자들이 겪는 어려움을 소개하고 있습니다. 따라서 이 글의 내용과는 전혀 상관이 없습니다.

▶ **치료도 못 받는 외국인 노동자들** : 제시문은 손을 다친 알리가 제대로 치료를 받지 못한 사연이 등장합니다. 하지만 내용의 일부이므로 이 글의 제목으로는 범위가 좁습니다.

▶ **외국인 노동자 알리의 한국 생활** : 제시문은 우즈베키스탄에서 온 외국인 노동자 알리가 한국에서 겪은 여러 가지 경험을 소개하고 있습니다. 그러므로 이 글의 제목으로 알맞습니다.

 29

정답

1 핵심어 찾기 ㉮ 안산시 원곡동, ㉯ 국경 없는 마을

2 글의 짜임 그리기 ㉮-① 외국인 이주민 센터, 한국어 교실과 통역 지원 센터, 의료 무료 지원 센터
㉯-④ 음식 문화 축제
㉰-② 다문화 체험 특구

3 요약 하기 ㉮-③ 외국인 노동자
㉯-⑤ 한국인과 외국인 노동자가 서로의 문화를 이해하고 익히는 공간

4 제목 달기

성공한 네팔 전문 음식점 ────── 이 글의 제목으로 딱 좋아!

국경 없는 마을, 원곡동 ╳ 범위가 너무 넓어!

외국인 노동자를 위한 지원 ────── 이 글과 상관 없는 제목이야!

제시문 정리하기

제시문은 '국경 없는 마을'로 불리는 안산시 원곡동에 대한 기사글입니다. 안산시 원곡동에는 많은 외국인 노동자들이 살고 있습니다. 이들을 위해 외국인 이주민 센터, 한국어 교실과 통역 지원 센터, 의료 무료 지원 센터등이 운영되고 있으며, 매년 가을 음식 문화 축제가 열립니다. 안산시는 앞으로 원곡동을 다문화 체험 특구로 지정하기 위해 다문화원, 체험관, 외국인 관광 식당, 걷고 싶은 거리를 만들고 있습니다. 원곡동은 한국인과 외국인 노동자가 서로의 문화를 이해하고 익히는 공간이 될 것입니다.

4 제목 달기

▶ **성공한 네팔 전문 음식점** : 제시문은 안산시 원곡동에 대한 내용으로, 성공한 네팔 전문 음식점에 대한 내용은 없습니다. 따라서 이 글의 내용과는 상관없는 제목입니다.

▶ **국경 없는 마을, 원곡동** : 제시문은 많은 외국인 노동자들이 살고 있는 원곡동에 대해 소개하고 있으므로 이 글의 제목으로 가장 알맞습니다.

▶ **외국인 노동자를 위한 지원** : 제시문은 원곡동에 있는 외국인 노동자들을 위한 지원 센터를 소개하고 있지만, 글 내용의 일부입니다. 따라서 이 글의 제목으로는 범위가 좁습니다.

 ❷

정답

1 핵심어 찾기 9, 1

2 글의 짜임 그리기 ㉮-⑤ 바빌로니아 지역의 유목민들
㉯-② 그리스의 천문학자 프톨레마이오스
㉰-④ 모두 88개

3 요약 하기 ㉮-① 5,000년 전 만들어진
㉯-③ 그리스 신화가 더해져 별자리의 전설이 탄생
㉰-⑥ 1922년 국제 천문 연맹

4 제목 달기 ×, ○, △

해설

제시문 정리하기

제시문은 별자리가 어떻게 생겨났고 발전했는지를 소개하는 글입니다. 아주 오래전 바빌로니아 지역의 유목민들은 별에게 동물 이름을 붙여 주었는데, 이것이 별자리의 시초입니다. 5,000년 전 만들어진 이 지역의 표석에는 양, 황소 등 20개의 별자리가 기록되어 있습니다. 이들의 별자리는 그리스로 전해졌고, 그리스 신화가 더해져서 별자리의 전설이 탄생하게 되었습니다. 1,800년 전 그리스의 천문학자 프톨레마이오스는 48개의 별자리를 기록했습니다. 현재 우리가 사용하는 별자리는 모두 88개로, 1922년 국제 천문 연맹에서 정한 것입니다. 각 지역마다 별자리를 부르는 이름이 달라 불편했기 때문이랍니다.

4 제목 달기

▶ **우리나라의 천문학** : 제시문은 별자리의 탄생과 발전에 대한 내용입니다. 따라서 이 글의 내용과는 전혀 상관이 없는 제목입니다.

▶ **별자리의 탄생과 발전** : 제시문은 별자리가 어떻게 생겨났으며 오늘날까지 어떻게 발전했는지를 소개하고 있습니다. 따라서 이 글의 제목으로 가장 알맞습니다.

▶ **별자리와 그리스 신화** : 제시문은 별자리와 그리스 신화와의 관계를 소개하고 있지만, 글 내용의 일부입니다. 그러므로 이 글의 제목으로는 범위가 좁습니다.

101쪽~104쪽

 ❸

1 핵심어 찾기 ○, ✕, ○, ○, ○, ○, ✕

2 글의 짜임 그리기 ㉮-① 고려 시대
㉯-⑥ 개성의 만월대
㉰-④ 별 관측기구인 혼천의

㉱-⑤ 해와 달, 별이 그려진 고구려 벽화

3 요약 하기 ㉮-② 일본 첨성대에 큰 도움을 준 백제
㉯-③ 별자리 지도인 천상열차분야지도

4 제목 달기 △, ✕, □, ○

해설

제시문 정리하기

제시문은 우리나라 천문학의 역사에 대해 소개한 글입니다. 우리 조상들은 옛날부터 별을 관측했습니다. 신라의 첨성대, 일본 첨성대에 큰 도움을 준 백제, 해·달·별이 그려진 고구려 벽화를 보면 이를 알 수 있습니다. 고려 시대에도 개성에 만월대를 세우고 서운관이라는 기관을 두어 하늘을 관찰했습니다. 조선 시대에도 천문학은 이어졌습니다. 별 관측기구인 혼천의, 별자리 지도인 천상열차분야지도, 시간 계산법을 담은 칠정산 등은 조선 시대의 천문 과학 기술의 수준이 매우 높음을 알려주는 소중한 자료입니다.

4 제목 달기

▶ **천문학이 발달한 조선 시대** : 제시문은 혼천의, 천상열차분야지도 등을 통해 조선 시대의 천문학이 발달했음을 소개하지만 글 내용의 일부입니다. 따라서 이 글의 제목으로 범위가 좁습니다.

▶ **천문학과 점성술** : 제시문은 점성술에 관한 내용이 나오지 않습니다. 그러므로 이 글의 내용과는 전혀 상관이 없는 제목입니다.

▶ **천문학과 관련된 기구들** : 제시문은 하늘을 관찰하는 기구들 중 일부인 첨성대, 혼천의 등을 소개하고 있습니다. 따라서 이 글의 제목으로는 범위가 넓습니다.

▶ **우리나라의 천문학** : 제시문은 우리나라의 천문학 역사에 대해 소개하고 있습니다. 따라서 이 글의 제목으로 가장 알맞습니다.

105쪽~108쪽

1 핵심어 찾기 1, 5

2 글의 짜임 그리기 ㉮-① 먹을 쌀
㉯-④ 샛별의 소리
㉰-⑦ 샛별을 고마워 하며
㉱-⑥ 다른 사람을 도우며

3 요약 하기 ㉮-② 마음씨 곱고 욕심이 없는
㉯-③ 자신의 잘못을 일깨워 준 샛별
㉰-⑤ 개를 키워달라고 부탁했고
㉱-⑧ 먹을 것을 물어 오기 시작

4 제목 달기 선비의 잘못을 일깨워 준 샛별

해설

제시문 정리하기

제시문은 우리나라에 전해 오는 샛별과 관련된 이야기를 소개하고 있습니다. 옛날에 마음씨 곱고 욕심이 없는 선비가 있었습니다. 어느 날 먹을 쌀이 떨어지고 말았습니다. 날이 어두워지자 선비는 벼를 훔치기 위해 아랫마을로 내려갔습니다. 선비가 남의 논에 들어가는데 "안 돼요."하는 샛별의 소리가 들렸습니다. 선비는 자신의 잘못을 일깨워 준 샛별을 고마워 하며 돌아왔습니다. 그날 밤, 샛별은 꿈에 나타나 개를 키워달라고 부탁을 했고, 선비는 집에 들어온 개를 정성스레 키웠습니다. 어느 날 개가 먹을 것을 물어오기 시작했고, 선비는 다른 사람을 도우며 살았다고 합니다.

4 제목 달기

▶ **선비의 잘못을 일깨워 준 샛별** : 제시문은 우리나라에 전해오는 샛별과 선비의 이야기입니다. 따라서 주어진 낱말을 이용하면, '선비의 잘못을 일깨워 준 샛별'이 제목으로 가장 알맞습니다.

25회 109쪽~112쪽

 퍼즐

2	[2	3	5]	1	2	3	4
3	5	7	[4	2	4]	9	8
7	[6	2	2]	7	2	4	5
3	4	4	[7	1	2]	3	6

 정답

1 **핵심어 찾기** 오존 경보제

2 **글의 짜임 그리기**
- **가**-④ 오존 농도가 높아짐에 따라
- **나**-② 오존 주의보
- **다**-⑧ 오존 중대 경보
- **라**-① 운동 중 폐 기능이 떨어짐

3 **요약 하기**
- **가**-③ 오존 농도가 0.12ppm
- **나**-⑥ 기침과 눈물이 발생할 수 있으며
- **다**-⑤ 오존 경보
- **라**-⑦ 자동차 운행을 무조건 하지 말아야 한다.

4 **제목 달기** △, □, ○, ×

 해설

제시문 정리하기

제시문은 오존의 농도를 알리는 오존 경보제에 대해 소개한 글입니다. 오존 경보제는 오존 농도가 높아져서 발생하는 피해를 줄이기 위한 제도로, 오존 농도에 따라 오존 주의보, 오존 경보, 오존 중대 경보로 나눕니다. 오존 농도가 0.12ppm인 경우 오존 주의보를 발령합니다. 기침과 눈물이 발생할 수 있으며, 실외 활동을 하지 말아야 합니다. 오존 농도가 0.3ppm이 넘으면 오존 경보입니다. 운동 중

에 폐 기능이 떨어질 수 있으며, 자동차 운행을 줄여야 합니다. 오존 농도가 0.5ppm이 넘으면 오존 중대 경보를 발령 합니다. 마른 기침, 가슴 통증을 일으키며 자동차 운행을 무조건 하지 말아야 합니다.

4 **제목 달기**

▶ **오존 주의보의 행동 요령** : 제시문은 오존 경보제에 따른 대처 방안에 대해 설명하고 있습니다. 따라서 오존 주의보의 행동 요령은 글의 일부분이므로 이 글의 제목으로 범위가 좁습니다.

▶ **오존과 우리 생활** : 제시문인 오존 경보제는 오존이 우리 생활에 미치는 영향 중 하나입니다. 따라서 이 글의 제목으로는 범위가 넓습니다.

▶ **오존 경보제의 대처 방법** : 제시문은 오존 농도에 따른 오존 경보제의 단계와 그 대처 방법에 대해 소개하고 있으므로, 이 글의 제목으로 알맞습니다.

▶ **남극과 북극의 오존 홀** : 제시문은 오존 경보제에 대해 소개하고 있을 뿐, 오존 홀에 대해서는 나와 있지 않습니다. 따라서 이 글의 내용과는 상관없는 제목입니다.

26회 113쪽~116쪽

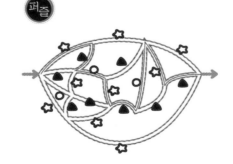 **퍼즐**

 정답

1 **핵심어 찾기** ○, ○, ○, ×, ○, ×

2 **글의 짜임 그리기**
- **가**-④ 가전제품
- **나**-⑤ 산소 발생기
- **다**-② 얼굴에 뿌리는 산소 스프레이

- **라**-⑥ 더 많은 산소 관련 제품

3 **요약 하기**
- **가**-③ 실내 공기를 깨끗하게 해주는 공기 청정기
- **나**-① 대기 오염이 심각해질 수록

4 **제목 달기**

대기오염과 산소 관련 제품 •———————• 이 글의 제목으로 딱 좋아!

공기청정기와 대기오염 •———————• 범위가 너무 좁아!

산소 스프레이 사용법 •———×———• 이 글과 상관없는 제목이야!

대기오염과 신제품 •———×———• 범위가 너무 넓어!

해설

제시문 정리하기

제시문은 우리 생활 주변에 있는 산소 관련 제품을 소개하는 글입니다. 공기 청정기가 대표 제품입니다. 실내 공기를 깨끗하게 해주는 공기 청정기처럼, 산소 발생기를 부착한 냉난방기, 가습기, 텔레비전 등 산소 관련 가전제품이 개발되었습니다. 또한 운동 후 얼굴에 뿌리는 산소 스프레이, 맑은 공기를 마실 수 있는 산소 캔 등 다양한 제품이 등장하고 있습니다. 대기 오염이 심각해질수록 산소 관련 제품이 더 많이 쏟아질 것으로 예상됩니다.

4 **제목 달기**

▶ **대기 오염과 산소 관련 제품** : 제시문은 대기 오염이 심각해지면서 등장하는 산소 관련 제품에 관한 내용입니다. 따라서 이 글의 제목으로 알맞습니다.

▶ **공기 청정기와 대기 오염** : 제시문은 우리 주변에서 쉽게 찾을 수 있는 산소 관련 제품의 하나로 공기 청정기를 소개하고 있습니다. 따라서 이 글의 제목으로는 범위가 좁습니다.

▶ **산소 스프레이 사용법** : 제시문은 얼굴에 뿌리는 산소 스프레이에 대해 소개하고 있지만, 자세한 사용법에 대해서는 나와 있지 않습니다. 따라서 이 글의 내용과는 상관이 없습니다.

▶ **대기 오염과 신제품** : 제시문은 대기 오염과 관련된 여러 신제품 중 산소 관련 제품만을 소개하고 있습니다. 그러므로 이 글의 제목으로는 범위가 넓습니다.

 퍼즐 ❷ 홀수는 찡그린 표정, 짝수는 웃는 표정

정답

①**핵심어 찾기** 황사 현상

②**글의 짜임 그리기** 가-⑥ 중금속과 발암물질이 포함됨
나-② 숨구멍을 막아 성장을 방해
다-③ 항공기 등
라-④ 되도록 실내 활동을 하지 않으며

③**요약 하기** 가-⑤ 아주 작은 먼지로 되어 있고
나-① 실내 창문을 닫아야 하며

④**제목 달기** △, ×, ○

 해설

제시문 정리하기

제시문은 황사 현상에 대해 소개하는 글입니다. 황사 현상이란 중국과 몽골에 있는 사막의 모래와 흙먼지가 우리나라까지 날아와 떨어지는 것을 말합니다. 아주 작은 먼지로 되어 있고 중금속과 발암 물질이 포함되어 여러 가지 피해를 줍니다. 기관지염과 눈병 등의 원인이 되고, 농작물의 성장을 방해하며, 항공기 등의 전자 장비에 이상을 일으키기도 합니다. 황사 피해를 줄이기 위해서는 되도록 실외 활동을 하지 않으며, 외출 후에는 세수를 합니다. 또한 실내 창문을 닫아야 하며 청소를 자주 합니다.

④**제목 달기**

▶ **황사의 다른 이름** : 제시문은 옛날에는 황사를 '흙비'라고 불렀다고 소개하고 있습니다. 하지만 글 내용의 일부입니다. 따라서 이 글의 제목으로는 범위가 좁습니다.

▶ **황사의 원인, 사막화** : 제시문은 황사의 원인인 사막화에 대해 구체적으로 나와 있지 않습니다. 따라서 이 글의 내용과는 상관없는 제목입니다.

▶ **황사 피해와 대처 방법** : 제시문은 황사로 인한 피해와 그에 대한 대처 방법을 소개하고 있으므로, 이 글의 제목으로 알맞습니다.

 퍼즐 ❶과 ❸

 정답

①**핵심어 찾기** ○, ○, ×, ○, ○, ○, ×

②**글의 짜임 그리기** 가-② 독일의 베를린 시
나-③ 한반도의 통일을 기원하기 위해
다-⑤ 남한과 북한은 언어와 역사가 같은 한민족이다.

③**요약 하기** 가-④ 베를린 장벽
나-① 이산가족의 슬픔을 하루빨리 해결해야 한다.

④**제목 달기**

분단국가 예멘의 통일
독일의 베를린 장벽
통일을 해야 하는 이유

이 글의 제목으로 딱 좋아!
범위가 너무 좁아!
이 글과 상관없는 제목이야!

 해설

제시문 정리하기

제시문은 베를린 장벽에 대한 설명과 함께 우리나라의 통일에 대해 이야기하고 있습니

다. 청계천에는 독일 통일의 상징인 베를린 장벽이 놓여 있습니다. 이는 베를린 시에서 한반도의 통일을 기원하며 보낸 것입니다. 우리가 꼭 통일을 해야 하는 이유는 무엇일까요? 첫째, 남과 북은 언어와 역사가 같은 한민족입니다. 둘째, 이산가족의 슬픔을 하루빨리 해결해야 합니다. 셋째, 통일이 되면 남과 북은 더욱 강한 국가가 될 수 있습니다. 독일처럼 우리도 하루빨리 통일을 이루어야 할 것입니다.

④**제목 달기**

▶ **분단국가 예멘의 통일** : 제시문은 독일의 통일과 우리나라의 통일에 대해서만 나와 있습니다. 따라서 이 글의 내용과는 전혀 상관이 없는 제목입니다.

▶ **독일의 베를린 장벽** : 제시문은 독일통일의 상징인 베를린 장벽에 대해 소개하고 있지만 글 내용의 일부분입니다. 따라서 이 글의 제목으로 범위가 좁습니다.

▶ **통일을 해야 하는 이유** : 제시문은 우리나라가 통일을 해야 하는 이유를 설명하고 있으므로, 이 글의 제목으로 알맞습니다.

 퍼즐 7개, 5개

 정답

①**핵심어 찾기** ○, ○, ○, ○, ○, ○

②**글의 짜임 그리기** 가-⑤ 소년단 창립절
나-⑥ 탁아소와 유치원에 다니는 어린이를 위한 날
다-④ 소년단 입단식에 참가하고 체육 대회를 한다.
라-③ 공휴일은 아니지만

③**요약 하기** 가-② 6월 1일 국제아동절
나-① 소학교에 다니는 어린이

④**제목 달기** △, ○, □, ×

제시문 정리하기

제시문은 북한의 어린이날에 대해 소개하는 글입니다. 북한에도 남한처럼 어린이날이 있습니다. 6월 1일 국제아동절은 탁아소와 유치원에 다니는 어린이를 위한 날입니다. 부모님을 유치원으로 초대하여 운동회와 학예회를 합니다. 6월 6일 소년단 창립절은 소학교에 다니는 어린이를 위한 날입니다. 학생들은 소년단 입단식에 참가하고 체육대회를 합니다. 비록 공휴일은 아니지만 북한 어린이들이 가장 좋아하는 날입니다.

4 제목 달기

▶ **북한 어린이와 소년단** : 제시문은 6월 6일 소년단 창립절을 북한의 어린이날 중 하나로 소개하고 있습니다. 따라서 이 글의 제목으로는 범위가 좁습니다.

▶ **북한의 어린이날** : 제시문은 북한의 어린이날인 국제아동절과 소년단 창립절에 관한 내용이므로, 이 글의 제목으로 알맞습니다.

▶ **북한의 기념일들** : 제시문은 북한의 어린이날인 국제아동절과 소년단 창립절에 관한 내용입니다. 하지만 북한의 여러 기념일들 중에 하나이므로 이 글의 제목으로 범위가 넓습니다.

▶ **북한의 명절** : 제시문은 북한의 어린이날에 대한 글입니다. 따라서 이 글의 내용과는 전혀 상관없는 제목입니다.

　　　⬛-① 남북으로 오랫동안 분단되어 있기 때문
　　　⬛-② 갈구리달
　　　⬛-④ 꼬부랑 국수

3 요약 하기　⬛-⑥ 카스텔라는 설기과자
　　　　　　⬛-③ 통일을 이루어야 한다.

4 제목 달기　점점 심해지는 남북한의 언어차이

제시문 정리하기

제시문은 점점 더 심해지는 남북한의 언어 차이에 대해 소개하고 있습니다. 남북의 언어 차이의 원인은 오랫동안 분단되어 있기 때문입니다. 남한의 별똥별을 북한에서는 별찌라고 하는 것처럼, 반달은 얼레달, 보름달은 옹근달, 초승달과 그믐달은 갈구리달이라고 합니다. 음식에 있어서도 언어 차이가 나타납니다. 카스텔라는 설기과자, 녹차는 푸른차, 누룽지는 가마치, 라면은 꼬부랑 국수라고 합니다. 남북한의 언어 차이를 없애기 위해서는 하루빨리 통일을 이루어야 합니다.

4 제목 달기

▶ **점점 심해지는 남북한의 언어 차이** : 제시문은 남북한의 언어 차이의 뜻과 원인 그리고 사례를 소개하고 있습니다. 따라서 주어진 낱말을 이용하면 '점점 심해지는 남북한의 언어차이'가 이 글의 제목으로 가장 알맞습니다.

8, 12, 15

1 핵심어 찾기　남북한의 언어 차이

2 글의 짜임 그리기　⬛-⑤ 남한과 북한이 사용하는 말이

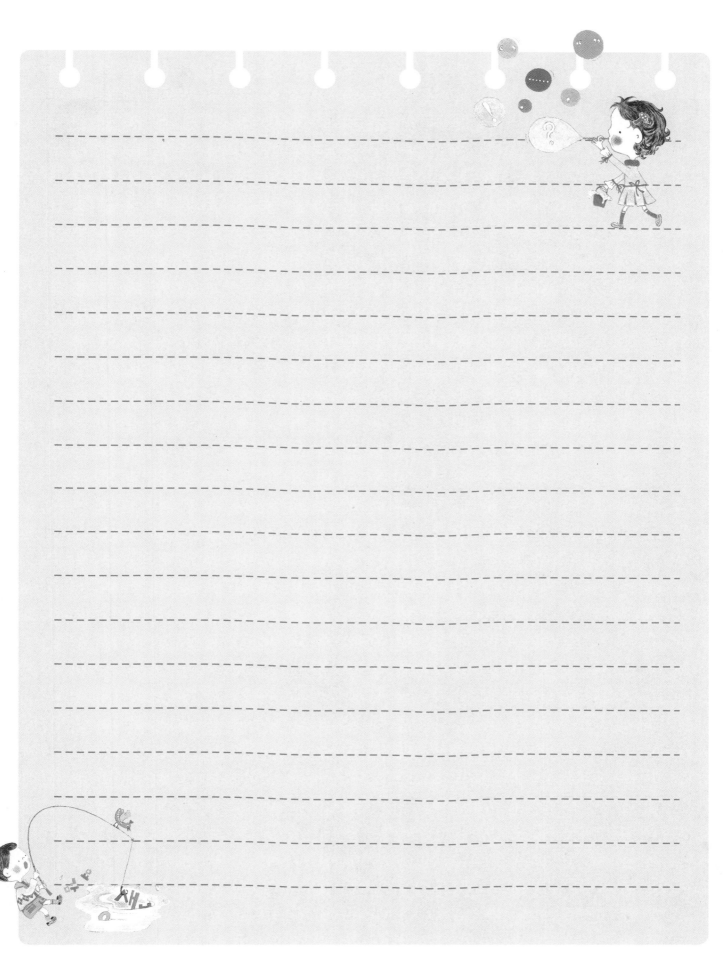

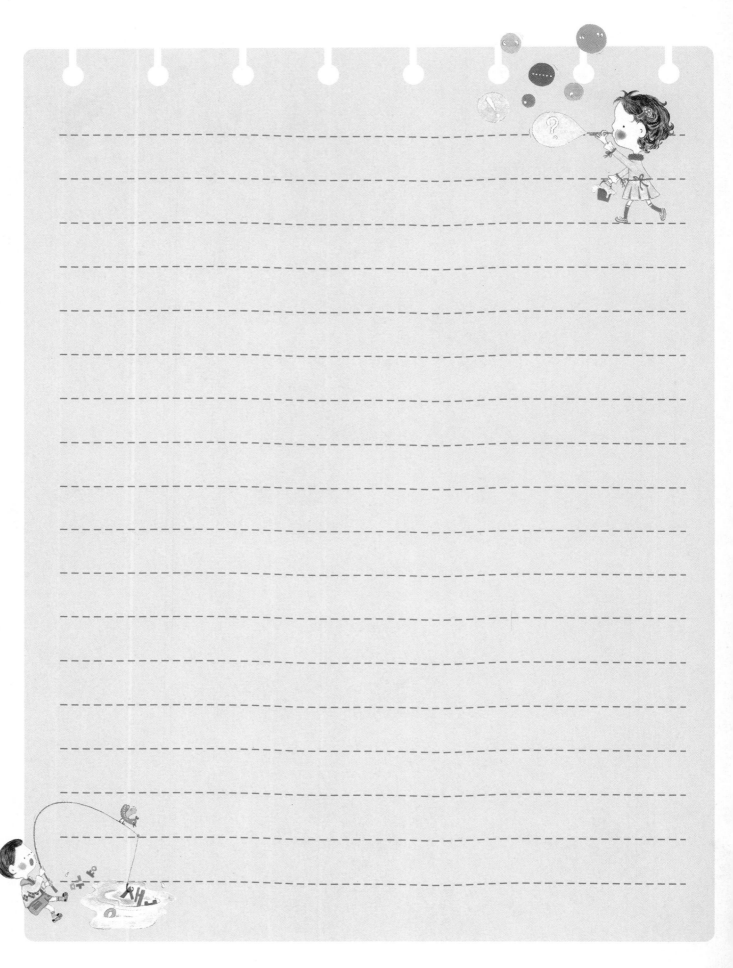